合作社不是福利社

18家合作社的在地實踐與創新力量

陳怡樺、陳郁玲——著

CONTENTS

第4篇
尋路珠三角的另一個視角

推薦序

深具地方的特色與需求，充滿創意、創新與創業精神的合作社

台北大學金融與合作經營學系名譽教授　孫炳焱

自由作家陳郁玲與陳怡樺二位女士，長期關注普羅大眾的就業與生活，特別對保護勞工農民生活品質，提升生產力有密切關係的合作社制度，長久以來賦予更多的注意與研究，曾經親自拜訪英國歷史悠久的羅虛戴爾公平先驅社（世界第一家經營成功的消費合作社，一八四四年成立），也到過德國訪談農業信用合作社與住宅合作社。從二〇一八年四月至二〇二一年十月的四年間，更親自走訪台灣各地的基層合作社，對經營有成的合作社做了翔實的報導，足跡更遍及香港的合作社事業與廣東的社工與社區活動。此次彙編成冊，付梓出版，可以說是合作社界的一樁好事。

台灣的合作社發展史是日治時期，作為施政輔助手段才普遍設立起來的，在農村主要是為了農業技術的推廣以及農產品的運銷及統制，在各鄉鎮成立農業合作社，戰後再改制為今天的農會。在都市的消費合作社是為了物資配給，由當時的政府輔導成立的，這一點跟歐洲的合作社發展史是基於農民或消費者的需求，由民間自願地組織起來，在性質上是相當不同的。就這層意義上，在台灣由民間自發組織而且經營成功的合作社，首推台灣儲蓄互助社（一九六三年）及主婦聯盟生活消費合作社（二〇〇一年）。

事實上在解嚴以後，基於民間的需求，各地成立的各種不同的合作社是相當多的，在本書介紹的十四家合作社，有風災、地震的災後重建需求而成立的，有農用廢棄物變烏金的故事，有原住民、新住民善用合作社制度，實現了自救自立的目的，這些合作社深具地方的特色與需求，充滿創意、創新與創業的精神。在資本主義市場競爭的條件下，普羅大眾基於「一人做不到的事，大家一起合作、共同圓夢」的理念，既改善了自己的生活條件，也成就了社會的期待。其中像南崗勞工消費合作社的黃瓊惜、黃美純二位經營者奉獻合作事業，在合作界久負盛名；屏東縣政府社會處退休的倪榮春處長，帶領的勞動合作社為勞工創造了時薪一百八十八元全國最高紀錄的故事，已是各界矚目的焦點。此外，像玉井儲互社林松齡理事長的壯年遽逝，令人留下惋惜、懷念的記憶，我與林先生生前曾有數面之緣。

合作社在競爭的市場經濟上是動態的，希望作者能夠繼續追蹤這些合作社的動向，剖析合作社模式在市場上的優勢與經營上的困境，讓合作社能夠更加發展、更加普及。普羅大眾為了求生存、求溫飽，更追求理想，大家共同出力、出資，只要政府給予些許適當的幫助、輔導，就可以成就自己並奉獻社會。書中，他們辛勞的過程與分享成果的喜悅，躍然紙上，讀起來興趣盎然。英國新古典經濟學馬歇爾教授（A. Marshall, 1842-1924）說，社會上每一個人的工作，能夠成就自己，又能夠奉獻社會，就是社會最大的福利。

合作事業是社會基層的組織，道德經說「千里之行、始於足下」，從健全基層組織著手，一步一腳印，為社會普羅大眾改善生活，提高生產力，緩和資本主義的貧富不均與階級對立，才是實現祥和社會的基礎工作，從這個觀點說，本書的出版是別具意義的。筆者很誠懇的向大家推薦這本著作。是為序。

推薦序

合作社，不妨您也來一個！

台灣心靈生態村協進會理事長、前國發會副主委　曾旭正

回顧自一九九四年政府啟動社區總體營造政策以來，看到數千個社區受到政策鼓舞投入營造家園的行列，的確累積了十分豐富的行動經驗，但其根柢的組織課題並未受到重視。因此，在二〇二一年的社區營造大會中，我呼籲大家重視合作社作為下一階段社區營造的重點任務；二〇二二年在合作社年會中，我也鼓勵社造伙伴進一步學習合作社的組織與經營方式。

我主張：合作社也可以接引既有的社區營造組織走上更強的社區經營之路。藉由參與合作社經營，社區成員可以更體認民主與平等，又可運用其經營成果來回饋公益。而重要的是，生活上種種集體的事務都可能發展為合作社，人人也都可以參與合作社，

若能如此，結社可以成為下一階段台灣社會的生活常態，參與其中可以發揮集體智慧，開創全新的交易與服務型態。地方更多人參與，形成更多合作事業體，更多想像……自然而然，我們就走過社區營造而接上地方創生。

地方創生由關注人口課題出發，在台灣也因著政策鼓勵而形成風潮。我們期待這股風潮能夠帶動台灣社會的體質有所提升，在以各種創意手段促進地方創生的同時，也讓參與者有所學習、提高視野，而運作的組織也能關注組織面的課題，務實地觀察問題、勇於調整，組織的成長同時帶動社會的進步。因此我們強調，推動地方創生的關鍵樞紐在於組織，至少需要兩種組織：第一線的工作組織和發揮凝聚效果的平台組織。近年來，企業的社會責任與存在方式引發越來越多的討論並嘗試加以調整，所以有所謂B型企業、社會企業的主張。合作社則經過將近兩個世紀的發展，其運作方式已經非常成熟，地方創生的工作組織除了參考社會企業模式外，其實更可以善用合作社模式，來達成雙重任務：事項服務和促成社會進步。

不論社區營造或地方創生要引入合作社的機制，都必須經歷一段社會學習的歷程。

雖然「合作社」對台灣社會似乎並不陌生，但在真實生活中，我們其實欠缺有組織的合作經驗。「社」就是組織，結社就是參與組織、營運組織。日常生活中，我們普遍未參與合作社，不了解合作社如何營運，整個社會遂缺乏結社的能力。所以，雖然戒嚴時期限制人民集會與結社的自由，解嚴後，限制解除了，但台灣社會仍然未能迅速發展起結社與集會的能力。

或許，從最貼近生活的合作社開始，會是一個解方，但我們需要更多的學習，特別是向內的學習。本書作者秉持一貫對合作社經驗的興趣，早期遠渡重洋到英國去尋訪合作社的起源，帶回英國的經驗，讓我們看到多采多樣的各種合作社，讓讀者不禁發出「哇！這也是合作社」。如今，眼光帶回台灣以及亞洲的鄰國，十四個台灣經驗和數個廣東與香港的案例，雖然主題未能像英國那麼多樣，但作為起步的參考，已有許多值得參考之處。

建議朋友們在閱讀此書時，特別留意以下幾個角度：首先，這個合作社是如何起步的？如何成功集結初期的創社夥伴？其次，這個合作社的合作主題，在你的生活中沒有合作社，是如何解決的？第三，那麼多種合作社，你的社區最可能推動的會是哪一種？回答這三個問題後，希望你能找到好友進一步討論，也許這會是你的合作社的開端！祝福！

各界好評

內政部合作及人民團體司副司長
陳佳容

合作社制度在個人，是互助信任的連結；在國家，是一種有助均衡所得、城鄉發展的庶民經濟。大部分人聽過「合作社」，但對合作社的內涵卻是依經驗印象各自解讀。作者怡樺與郁玲有心有力，行萬里路踏訪國內外合作社組織，用一個個精彩故事演繹合作社精神。

從《合作社不是福利社》中，我們看見合作社的時代意義；由漁民、原住民、新住民、勞工的共同需求，更深一層理解合作社的作用；災後重建，合作社則是社區聚攏人力和產業的平台。社區是互助的根，共同需求則是延伸的影響力，「樹影無論多長，總和樹根相連」，本書出版值得期待與推薦。

國立東華大學臺灣文化學系副教授
張瓊文

在閱讀的時候，最令我感動的是，我們在二〇一七年藉由兩位的踏查紀錄，經由英國二十四個（外加西、葡各一）合作社的故事，認識到合作社可以用什麼樣新穎而多元的樣貌，去抵抗資本主義為世界帶來的宰制，而七年後我們可以看到來自臺灣在地的合作社故事。儘管書中每個合作組織的成立動機與發展脈絡不盡相同，但無論是著眼於社區共好、互助金融、災後復振、循環經濟，乃至於女性賦權，這些合作人透過協力促成共融，一步一腳印地去落實經濟民主的價值。

國立臺灣海洋大學
海洋觀光管理學士學位學程助理教授
周睦怡

這是一本帶給我們許多希望和感動的小書。作者細膩且溫暖地捕捉了合作社的目標、理念以及共同酸甜苦辣的經歷，促成「在地團結的力量」、凝聚「災後再生的力量」、更因共同的需求成為彼此的力量。這本書有助於我們認識合作社在台灣、香港和廣州的實踐，也看到當面對不同的困境，卻有著雷同的韌性以及對合作的信念。面對日益對立的社會和種種挑戰，重建社會關係顯得格外重要，這本書告訴我們，合作社或許就是解方！

許甘霖
東海大學社會學系副教授

作者走訪不同性質的合作社，紀錄不同行動者如何根據自身的問題處境展現創意、信願和行動力，回應重大社會衝擊、滿足共同需求，為群體命運創造新的機會和可能性，也為其他積極尋找出路的群體提供重要啟發：共好是可實現的，策略是以互助友愛為基礎的合作主義方案。

有限責任台灣主婦聯盟
生活消費合作社理事主席
彭桂枝

推薦想要知道合作社在台灣的實踐案例，就一定要翻開這本書。

解嚴前後的合作社或許大多是由上而下，配合國家政策，協助生產及配銷的工作；但隨著台灣的工業化之路，以及社會貧富差距的加大、自然環境的惡化、天災的衝擊，在其他國家可能演變成戰亂，但在台灣除了政治的民主化以外，台灣新興的合作社卻開啟了另一條道路，從社區經濟、災後復育、新住民勞動自主的陪伴、員生消費社的轉型等等，大家以由下而上、多元且具包容性的方式，開展各類事業，串連起人與人的關係，也滿足了不同的需要。

透過怡樺及郁玲對台、港、中等合作社的採訪，讓我們鮮活地看到在各個角落以合作事業型態，並且嘗試以民主決策方式，實踐另類經濟型態的人們。相信這些鮮活的故事，能讓我們一窺民主式經濟及實踐人先於資本的樣貌。

有限責任台灣友善書業供給合作社理事

林詩涵

獲取利潤是經營合作社的難題，如何用「民主的合作」來達成營利，更是難度翻倍，往往引發合作社內部衝突和爭吵的也是民主和合作（無奈的笑）。雖然人人都說得出，社會中卻顯少思考和實踐，「什麼是民主和合作」？

「民主」考驗的是對威權治理及專業經營的信奉，「合作」迎上的是以競爭為本的資本主義經營思維。透過怡樺和郁玲走訪台灣、香港、廣州三地的合作社，看見合作經濟的微小光芒在資本社會中熠熠閃爍著，這是相信且願意實踐民主所綻放出的光。

前言
台灣合作經濟學者孫炳焱的合作社運動觀察

孫炳焱★ 主述

資本主義追求自由價值，社會主義追求平等價值，而合作主義追求兄弟（愛）的價值，即友愛與互助合作。

節錄自《世界變遷下的合作社基本價值》
Sven Åke Böök 著，孫炳焱譯（二〇〇六）

歷史，似乎是由一次又一次重複上演的教訓中累積而成。面對相似的病灶，似乎總能在使出老藥方後，獲得改善，慢慢地藥到病除。

★ 孫炳焱，曾任台北大學合作經濟系系主任、中國合作學社理事長及合作事業協會秘書長、現任《合作經濟》季刊發行人，編譯《世界變遷下的合作社基本價值》、《公元二千年的合作社》等多部合作經濟重要作品。

一九八〇年代以來，新自由主義（Neoliberalism）浪潮席捲全球，衍生許多社會問題，一再揭示資本主義瀕臨困難，到了不得不修正的時候。這時，卻也讓合作社運動獲得發展空間，在歐洲稱之為「合作社的文藝復興」，一直到二〇〇〇年獲得聯合國、國際勞工組織（International Labour Organization，ILO）及國際合作聯盟（International Co-operative Alliance，ICA）的重視及推廣，彰顯其補偏救弊輔助功能，更數次呼籲各國政府，創造發展合作社的環境，讓合作社的互助友愛、講求倫理的特質得以修補社會問題缺失之處。

二戰後，歐洲各國對「凱因斯主義」（Keynesian economics）的管理經濟充滿信心，認為「萬能政府」能解決失業，透過各種財政、金融政策，能管控總體經濟，穩定物價、提升景氣，使經濟成長達到繁榮。

一九七三年，國際石油危機爆發，英國發生大規模罷工；一九七五年通貨澎漲率飆升至二十六%；一九七九年，首相柴契爾夫人上任，執行大規模私有化方案。英國政府實施自由經濟政策後，貧富差距日益加劇，「極度分配不均」越演越烈。強調信任自由市場機制的「新自由主義」興起，相信民間企業的活力，政府減少介入市場，認為介入市場是一種資源浪費，因此反對政府對國內經濟的干預、公營企業民營化、精簡政府機構、減少個人所得稅及遺產稅、撤銷或緩和各種經濟上限制與規制，施行國際貿易及金融體制的自由化、反對最低工資、勞工集體談判權等政策。柴契爾夫人與保守黨被視為新自由主義的倡導者，一九八〇年代，這個保守的經濟思想幾乎席捲全球，在美國雷根總統（任期一九八一至一九八九年）與日本中曾根康弘總理（任期一九八二至一九八七年）的呼應下，風靡世界。

如今，世界上五分之一的人口僅賺得全球所得的二％；相反的，最富有的二十％人口，卻賺走全球所得的七十四％，貧富懸殊，差距甚大。在先進國家中，貧富不均現象也比二十年前嚴重。富者越富，在西方國家的中產階級收入早在經濟衰退前，出現停滯。台灣也不例外，根據行政院主計總處公布的數據，勞工薪資所得倒退至二十年前的水平。最富與最窮的前五％，二〇〇五年的所得差距達到五十五倍，二〇一二年擴大至九十六・五六倍，二〇一三至二〇一五年已超過一百倍。一九九七年爆發亞洲金融風暴，二〇〇七至二〇〇八年間的次級房貸金融海嘯，餘波盪漾。「市場萬能論」也受到嚴厲的考驗與深刻的反省。

為了經濟弱勢者存在的合作社體制

「合作社作為經濟弱者的命運共同體，最初的目的就是為了改造社會。」致力推動合作社經濟學者孫炳炎認為，合作社是由社員自主發動的，由下而上，滿足社員的經濟、社會、文化等需求。

一般認為，消費合作社由英國發展而成，儲蓄互助社從德國開始發展；不論是英國或德國，合作社都是由民間由下而上推廣。「日本是由政府推動，一個鄉鎮設置一個農業合作社。當時並不是為了解決貧窮問題，而是利用合作社吸收民間的資金，再轉用到發展工業的資本。」孫炳炎說，合作經濟到了亞洲，反而成了由上而下的組織，亞洲國家的政府把合作組織當作工業發展的工具，在合作經濟初始的歐洲國家則是把合作經濟用來作為解決經濟發展後，產生的貧窮問題的解決手段。

工業化國家普遍都經歷將所有農村資源集中發展工業的過程，「發展工業的原始資本都來自農業部門，造成農村資金短缺，高利貸橫行。」德國的農村信用合作社源自於一位鎮長雷發巽（Friedrich Wilhelm Raiffeisen, 1818-1888），為了協助被高利貸壓得喘不過氣、甚至將農場賣掉，淪落到只能靠勞動力四處打工，或到都市工廠打工的農民，而籌組的合作組織，正是解決高利貸剝削的問題。孫炳焱指出，現今儲蓄互助社的功能，可提供低利且小額的貸款嘉惠社員，緩和社會弱勢大眾的資金缺乏問題，避免高利貸的剝削，堪稱為普惠金融。

「每個人都是上帝子民，在教會、在合作社，都是兄弟，聖經說：有力量的人，幫助弱小的人，鄰人愛即是『盡心、盡性、盡意愛神，也要愛人如己』。」孫炳焱提到，雷發巽的理論基礎是以基督教的「鄰人愛的博愛精神」出發，農業信用合作社是根據這樣的基本精神而發展至今。

儲蓄互助社經天主教的推廣拓展到台灣，直到一九九七年五月才完成立法。孫炳焱提到，早期參與合作社的人都抱著奉獻的心，就像孫鴻沂牧師那樣。「在二林教會牧會十八年間，孫鴻沂牧師推動設立『二林多加儲蓄互助社』，一九七四年，受邀台中擔任儲蓄互助社推行委員會執行秘書，成立儲蓄互助協會、購買土地、興建協會辦公大樓，為台灣的儲蓄互助社運動立下長遠發展基業。」孫炳焱談到，中華民國儲蓄互助協會第一屆理事長、亦是天主教徒陳望雄與總幹事孫鴻沂等開疆闢土的前輩們貢獻甚大。一九九一年十月，孫鴻沂由巴西牧會回台再接任儲蓄互助協會秘書長，與莊金生理事長和協會重要幹部，在中央銀行許遠東總裁的協助下，促成儲蓄互助社立法，一舉解決三十多年來的立法問題。

日治時期，合作社制度引進台灣，已有超過百年歷史，有些合作社營運至今。孫炳焱談到，當時不少社員為日本籍，戰後日本人被遣送回國，合作社部分資產理應充公，政府允許留給存續的合作社繼承，繼續經營。但，不少信用合作社在經營困難時，讓私人銀行（財團）併購，實在可惜至極。例如在日本，政府就鼓勵信用合作社的社間併購，維持信用合作社全體在金融體系中的地位。

「合作社的目的是改造社會，解決貧窮問題，合作社不應該只是廉價的分配，也不應該只是為了要分配才來經營，如果缺少改造社會的精神的話，剩下的只是軀殼，即使戰勝了整個世界又有什麼用呢？」正如法國合作經濟學者季特（C. Gide, 1847-1932）所言：「合作社是一個很古老的組織，看起來好像缺乏效率，但對於解決資本主義的貧窮問題，卻有非常積極的效果。」數十年來，從研究合作經濟到倡議合作經濟的孫炳焱呼籲，希望大家能夠注意它、認同它，這是建立在性善說的組織，只有透過大家的參與，提高合作意識，社員理解合作社的重要性，合作經濟就自然會健全發展。

合作社制度之所以能夠在資本主義體制內發展，主要是合作社制度保存了「私有財產制與經濟自由」，而提高弱勢族群的生產力與所得，所憑藉的方法是合作，即「一人做不到的事，大家一起合作，共同圓夢」，鼓吹自立、自強、不依賴救濟。這樣也幫資本主義體制解決了貧富不均的社會階級對立的問題。季特說：「合作主義就是最溫和的社會主義，可以與資本主義共存，合作才是人類進化的根本。」

一九九五年，國際合作聯盟正式定義：「合作社乃是基於共同所有及民主管理的企業體，為滿足共同的經濟、社會、文化需求與願望，而自願結合之自治團體。」。

合作社價值

合作社是以自助、自我負責、民主精神、平等、公正、團結之價值（values）為其基礎，社員承襲創立者之傳統，秉持公正、公開、社會責任及關懷他人之倫理價值為信念。

合作社七大原則

合作社原則乃是將上述價值觀付諸實踐之方針，

第一原則：自願與公開的社員制（Voluntary and Open Membership）

合作社乃自願之組織，凡能利用合作社之服務，並願承擔社員責任的，均可入社，不受性別、社會、人種、政治及宗教的歧視。

第二原則：社員的民主管理（Democratic Member Control）

合作社乃由積極參與政策和決策的社員，加以管理之民主組織，由被選擔任幹部之男女代表，對其社員負責。單位合作社社員，享有平等決議權（一人一票），其他聯合社階段的合作社，亦以民主方法，加以組織。

第三原則：社員的經濟參與（Member Economic Participation）

社員公正的貢獻合作社資本，並予民主管理，合作社資本至少有一部份，經常是合作社的共同財產，社員為入社條件而醵出之資金，即使有所補償，通常，受取有限制之補償。社員分配剩餘金方式，可就下列目的，擇定實施：為發展合作社，盡可能撥列至少有一部分不得分配的準備金；按社員與合作社交易額之比例，嘉惠社員；支持經由社員贊同的其他活動。

第四原則：自治與自立（Autonomy and Independence）

合作社乃由社員管理的自治自助之組織。即使與政府機關在內的其他組織有所協定，或從外部引進資本，合作社仍應保證社員的民主管理及維持合作社的自治。

第五原則：教育、訓練、與宣導（Education, Training and Information）

為了有效奉獻合作社的發展，合作社對其社員、選任人員、經營者及職工提供教育及訓練，對一般大眾，特別是年輕人及意見領袖，宣導合作社之特質與優點。

第六原則：社間合作（Cooperation among Cooperatives）

藉由地方性、全國性、地域性及國際性的合作社間的合作，使合作社對其社員提供最佳服務，並強化合作社運動。

第七原則：關懷地區社會（Concern for Community）

合作社經由社員認可的政策，為地區社會的持續發展而努力。

——孫炳焱譯，發表於《合作經濟》季刊第四十八期，一九九六年三月三十一日出版

孫炳焱教授談吳克剛、尹樹生二位老師的思想引導

孫炳炎教授

一九四九年，台灣省立行政專科學校合作行政科（國立臺北大學金融與合作經營學系的前身）創立，一九五五年改制為法商學院，孫炳焱是改制後第一屆的學生。受到吳克剛、尹樹生兩位合作經濟學者的影響甚深。吳克剛從一九五六年八月就任該系系主任，直到一九六八年七月卸任，任期長達十二年，也是該系迄今任期最長的系主任，一九五五年入學的孫炳焱，遇上的正是吳克剛老師。

留學法國、師承季特的吳克剛教授，

生活很浪漫，個性也很浪漫，「吳老師常對我們說：想辦法出去玩，到外面看看，不要老是躲在教室看書，很多書都被當作禁書燒掉了。」孫炳焱回憶，吳老師持續收集國外的資料，和學生討論，整理了「合作經濟學系圖書研討室」供學生使用。

吳克剛老師的研究領域是貧窮問題，「關懷弱勢是合作經濟的精神之一，合作經濟是從解決農民、勞工的貧窮問題開始。」吳克剛教授本來任教於台大經濟系，一直關心貧窮問題。

孫炳焱進入日本東京大學農業經濟研究所，碩士論文和博士論文都以農業合作為研究主題。「我只懂合作經濟。」在日本十三年，同時取得日本東京大學農業經濟博士學位，走上這一條路就是受到吳、尹二位老師的影響。一九七四年，創系系主任尹樹生即將退休，孫炳焱獲邀接任系主任，隔年在尹樹生老師的同意與協助下，更名為「合作經濟學系」。

談到尹樹生老師有感家鄉的農民，收入低、生活苦，「如何改善農村經濟」成為他從一而終的研究方向。而後，他的研究發現，日本的農業合作組織對改進農業生產、提高農民收益有很大的作用。赴日本國立東北帝國大學深造，畢業論文以合作制度的發展過程為主題。一九四九年，尹樹生來台，受聘為省立台中農學院教授（中興大學農學院前身），教授農業合作、農業金融、農業經濟學等課程。而後，再獲臺北省立行政專科學校聘請，創辦合作科；同時任職台灣省合作事業管理處處長。

「尹樹生老師對我們這一代學生的影響也很大，當時帶有社會主義色彩的經濟學設系的只有這裡。」孫炳焱認為，如果想了解資本主義，應該借重馬克思理論，如孫中山所言，馬克思理論才能解開資本主義的生理問題。

二〇一六年八月，孫炳焱教授商請山東農業大學合作社學院設立「尹樹生教授合作經濟文庫」，用以保存尹老師生前的書籍，文庫的成立是委由逢甲大學合作經濟學系李秋桂教授與山東合作社學院李中華院長共同接洽完成。

（採訪時間：二〇二〇年十二月）

第 1 篇

在地的團結力量

「在地」和「團結」是這章節的關鍵詞。「在地」為什麼需要「團結」？團結能一起做什麼？這章節分別採訪儲蓄互助社、社區合作社和消費合作社，這些合作社如何深耕所在地區，為全體社員謀取福利，也讓合作社的精神與價值極致發揮。

Chapter 1

消費合作社

靠「黑白雙將」殺出重圍 締造千萬利用額

社名

國立嘉義大學員生消費合作社

業務內容

供銷、代辦等

採訪時間

二〇一八年五月

台灣的消費合作社起源可追溯至日治時期，後於二戰期間，因物資缺乏，日用品採配給制，消費合作社發揮不小功能。一九四五年國民黨來台，此階段的消費合作社陸續發展為機關員工消費合作社、勞工消費合作社、地方消費合作社、學校員生消費合作社與蔗農消費合作社等五類。其中「員工（生）消費合作社」歷經多次轉折，以致「福利社」與「消費合作社」常被各界錯誤理解而混用。

一開始，各級學校依據《職工福利金條例》設置「福利社」，一九五五年台灣省政府曾明確規定，各縣市政府得指導各級學校共同籌組成立消費合作社，但礙於內外經營現況，窒礙難行，實際成立家數有限，直到一九八九年，行政院公布《各級機關學校員工（生）消費合作社供應公教人員日常生活必需品實施計劃》，依法機關學校須成立消費合作社。此法最初目的之一，除了提供教職員和學生日常學習之用品，更賦予推展合作教育的使命，並教導學生正確的金錢觀與消費理念。後因總總經營管理缺失陸續浮現，該法也於一九九八年十一月停止適用，但「福利社」一詞廣泛應用至今，深植各世代民心。源此，台灣多數的消費合作社由原先的福利社改制而來，但兩者從組織型態、法源依據、結餘分配等各面向截然不同。

內政部統計處資料指出，截至二〇一七年六月底，我國合作事業計有四千二百零七個社（場），較二〇一六年同期減少五十八個（負一．四％），較二〇〇六年底減少一千零六十二個（負二十．二％）。十年間，合作社減幅超過兩成，其中以校園及機關的消費合作社減幅最大，達負四十四．五％。

合作社屢次榮獲內政部合作社考核優等獎

對於員生消費合作社數量銳減的景況，綜合多位合作經濟學者的研究發現：（一）空間方面：合作社的地點隱蔽、外觀簡陋、賣場動線規劃不佳；（二）組織參與方面：缺乏合作理念、教職員兼辦理員生社業務意願低落；（三）業務營運方面：營運時間受限、商品單一化，缺乏多元性；（四）財務管理方面：盈餘分配及公益金使用問題、會計人員非專任；（五）便利商店進駐校園，限制員生社的生存空間等因素，使得員生社營運低迷。

各界紛紛將合作社經營不善的矛頭指向「便利商店」進駐。遍佈全台已破萬家的連鎖便利商店，早已滲入國民的日常生活，在此同時，「消費合作社」只因不夠方便而解散退場嗎？合作社是為了滿足社員的共通需求而生成的事業體，換言之，員生消費合作社的成立目的是為社員爭取共同福利。除了採辦員生的日常用品之外，校園內的合作社還能做什麼？

共享：讓合作社成為門面

電影《KANO》中，那支異軍突起打進甲子園的嘉義農林棒球隊，正是嘉義大學的前身「台灣總督府嘉義農林學校」。二〇一七年，嘉義大學員生消費合作社突破重重困難，創造了超過千萬的利用額。他們是怎麼辦到的？

採訪當天，車子駛入嘉大校門約莫一百公尺處，第一棟建築物就是「嘉義大學員

嘉大員生社行政團隊成員皆由教職員兼任，合作社經理朱淑玲（右二）、會計蔡秋美（左一）、文書周玫秀（左二）、業務經理葛定富（右一）。攝於二〇一八年。

生消費合作社」的所在地，印著名字的橫幅大大立在眼前。有別於許多校園消費合作社的地點隱蔽，嘉大合作社自蘭潭校區外一百公尺處即設置標示，進到校園更可輕易抵達，毫不費力，且外賓在合作社內消費還可抵停車費。

合作社的賣場位在沁心湖畔，是校園最美的一角。「你們到沁心湖邊散步了嗎？我們嘉大校園榮獲全台百大校園第三名唷！」二〇一六年上任的合作社經理朱淑玲發現，賣場周邊有非常好的環境，卻

牛奶與醬油是嘉大員生社最受歡迎的商品

一直沒有被善加利用。因此，運用了去年的結餘重新裝潢，在室內設置座位區供師生談話及接待外賓，在室外重新整修室湖畔露天咖啡區，並設置外帶吧台，供師生及嘉義市民休憩之用。

共好：成為校內研發成果平台

「我們學校有好多好產品，嘉大牧場的鮮奶、醬油都是學校努力研發的成果，希望在這裡和大家一起分享，也不想讓合作社萎縮下去。」穿著印有KANO字樣T恤的朱淑玲聲音輕柔，但語氣堅定。

「推廣學校的特色產品」是嘉大員生社的經營理念和營運策略。「產品好代表學校好，也是大家認識學校的機會。」於嘉義技術學院時期即入校服務的朱淑玲對嘉義大學有深深的認同。校內師生的研究成果皆於合作社上架，從早期的醬油、牛奶，到新研發的薄鹽白醬油、大豆香米優格和冰淇淋、鹵留香金珠豆奶、冬化技研苦茶油、驅蚊精油、豆腐乳等都是「僅此一家別無分號」的特色產品。

二〇一五年五月，《合作社法》修正：「為合作社發展需要提供非社員使用之業務，不得超過營業額百分之三十。」此次修法成了校園機關員生消費社的契機，提供校外民眾購買，也讓員生社成為嘉義大學向社會大眾展示辦學成果的重要平台，讓嘉義大學與嘉大員生社兩個平行的單位有了積極共好的合作基礎。二〇一九年，適逢嘉義大學百年校慶，嘉大消費社更接下舉辦晚會的重任，讓校友吃得開心、買得歡欣。

嘉大合作社的商品總數約五百項，自有產品佔約一百項。「一〇六學年度的利用額約一千四百萬元，光是醬油和牛奶的利用額就佔了三分之一。」朱淑玲表示，社員及消費者對學校品牌的認同度越來越高。此外，不論社員、非社員，嘉義大學員生社的每一筆銷售皆開立發票。

「KANO是一球入魂，我要做到『一蛋入魂』！」朱淑玲朗聲說到，每到招生季節時，家長帶著孩子進校園，第一個遇到的是合作社，讓合作社兼具招生功能，讓孩子在學校吃的安心、用的開心，家長就放心。

共生．面對競爭　創造需求

二〇一八年初，便利商店也進駐嘉義大學校園，合作社營運的確有受到影響。「學校資產外包經營，可以增加學校租金收入，學生也有更多元的選擇。校園合作社的經營應以學生及教職員的需求為優先。」朱淑玲卻正向看待，嘉大員生社於週末及寒暑假皆正常營業，午餐時間於距離學生餐廳較遠的教學大樓銷售餐盒，更向外連結與嘉義魚市、台糖肉品等通路合作，供教職員有更多元的採買選項。二〇一七年，嘉大員生社購入小貨車，改裝為行動商店，提供跨校服務。

《學校員生消費合作社推進辦法》廢止以來，教職員兼辦員生社業務無法等同處理公務，造成職員與教師參與意願低落。目前嘉大員生社的行政團隊皆由教職員兼任，門市聘僱兩名專職人員，及兩名工讀學生。「合作社固定提供清寒家庭學子工讀機會，目前的工讀金為一百四十五元，也是校外廠商較缺乏的部分。」合作社文書周玟秀談到，合作社和委外廠商最大不同在於，委外廠商的利潤屬於老闆，合作社的結餘分配給社員。「結餘分配依照的分配比例為公益金四十%、社員分配金四十%、公積金十%、理監事酬勞金十%。」合作社會計蔡秋美說明，每年的結餘分配中固定提撥約二十萬元贊助支持校內活動，包括校慶、運動會等，不論盈虧，合作社每年固定提撥六萬元作為清寒獎助學金。

在校園消費合作社慘澹一片中，嘉義大學員生消費合作社殺出重圍，二〇二二年起，連年獲內政部頒發「年度全國績優合作社獎」。原因無他，從社員的共同需求為起點，從與校共榮共好為初衷，穩穩前行。

Chapter
2

消費合作社

走過時代　滿足勞工日常需求
南崗勞工消費社

社名

南投縣南崗勞工消費合作社

業務內容

供銷、公用等

採訪時間

二〇二一年四月

位於南崗工業區內的南崗勞工消費合作社

一九七〇年代的台灣，歷經兩次國際石油危機，為了提升基礎設施與產業升級，當時政府推動十大建設。一九七〇至一九八〇年間，全台各地由南到北超過三十個綜合型工業區，以平衡區域發展、促進地方工業發展等目的陸續完成開發，包括一九七六年，南崗工業區成立；一九七七年，舊稱「湖口工業區」的新竹工業區完成第一期開發；一九七九年，台中港關連工業區成立；一九八〇年，台中工業區依序完成興建。

大型工業區的設立為地方政府帶來稅收，儘管創造大量就業機會，根據主計總處統計，一九六九年，勞工所得才開始有餘裕撫養眷屬，直到一九八五年，能支撐二．六人的溫飽，一九九五年，勞工所得才開始能負擔四口之家的生活家計，足夠養家活口，脫離生活壓迫的威脅。為了解決廣大勞工的溫飽問題，鼓勵成立合作事業是當時執政者的工作方向之一。《比較合作制度》一書中寫到，一九六四年十一月，中國國民黨九屆中央委員會第二次會議通過「民生主義之現階段社會政策」，鼓勵社區人民，以合作組織方式，辦理消費副業生產與運銷曁公用福利事業。一九六六年三月，九屆三中全會提案呼籲國人推行合作事業，以利民生經濟建設。

此後，隨著工業區的設立，一九八三年，南崗工業區勞工消費合作社（以下簡稱「南崗消費社」）成立，也是全台第一個勞工消費合作社，新竹工業區勞工消費合作社與台中市台中工業區勞工消費合作社於一九八五年成立，台中市台中港關連工業區勞工消費合作社於一九八七年成立等十八個勞工消費合作社相繼成立，直至二〇二二年，僅上述四社仍持續營運。然而，合作事業的發展過程，以社數論，消費合作社始終名列前茅。

懸掛在合作社內的標語

合經專才撐起一片天

依著八卦山台地，傍著貓羅溪，往東北連接國道三號、台三線的南崗工業區，一九七六年十月啟用，耗時兩年興建，是南投縣內最大的工業區，面積達四百一十二公頃，廠商數逾四百五十家，涵蓋機械、製造、食品等各類產業，提供近兩萬個就業機會，年產值近一千一百億元。

「您好！歡迎光臨。」開門鈴聲響，午後時段，住在附近的歐巴桑騎車來添購日用品，下班時間，趕著回家的上班族，穿著工廠制服行色匆匆採買罐頭、乾貨，看似與一般超市無異，但樑上高懸著「促進勞資和諧」，幾個大字也提綱挈領地說明兩者不同，這裡是一個由勞、資雙方共同籌設經營的消費合作社。

二〇二三年，南崗消費社成立四十週年，經理黃瓊惜是靈魂人物之一。一九八三年底到職實習、一九八四年正式入職，除了協助消費社的創立與營運，一九八五年，當時年僅二十七歲的黃瓊惜協助購買土地，開辦南崗工業區勞工消費合作社附設幼兒

經理黃瓊惜

園，與合作社一起歷經風雨，走過輝煌。

專科就讀國際貿易科，插班大學考取逢甲大學合作經濟系的黃瓊惜，畢業後，報考當時隸屬台灣省政府合作事業管理處專業人員考試，錄取四十五人，完訓只剩下三分之一。分發到南崗消費社實習一年，再由南崗理事會決議選定三位留任轉為正職，黃瓊惜和現任副理黃美純名列其中，既為大學同學，同事至今。

黃瓊惜曾問她的大學老師陳靜夫：商科畢業適合找什麼工作？猶記老師的回答，不論是會計、業務、助理，都只是商業運作的其中一部分，如果有機會到合作事業任職的話，是開疆闢土的先鋒隊。「南崗是示範點，什麼工作都做，現場規劃、各種流程都由十個同仁分工，每天和理監事一起開會討論。」黃瓊惜形容剛到職的自己像一張白紙，採訪時，她一直以懵懵懂懂描述當時的自己，儘管是合作經濟本科系畢業，對合作社的營運仍一知半解，她靦腆一笑。

回憶起一九八五年六月召開理事會當天，氣氛神祕。「宣布要我接經理時，我一直說，『我不要！我不行啦！』」事先毫不知情的黃瓊惜嚇哭了。在那之前，經歷銷售、

點券依照結餘金額分配，同時有摸彩券的功能，普獎以日用品為主，一獎有小家電等獎品。

市調、出納、書記等職務的磨練，當時管理中心主任、退休後轉任合作社顧問的林明德★，黃瓊惜視他為職場上的父親。記得林明德對她說，怕什麼呢！從門市服務、拜訪客戶到招募社員，都能看到妳的熱情；當主管要有格局，也要注意小細節，更要有同理心。

在那之前，時任合作事業管理處處長陳伯村與史學專家洪敏麟做東，請林明德吃飯，表示有成立勞工消費合作社的規劃，林明德一口答應接下創社任務。在南投縣政府合作股的協助下，到每個廠家拜訪、推廣合作理念，「我為人人，人人為我，將

★林明德曾任三屆省議員。

1999 年，受九二一震災影響，三、四樓進行補強工程。當時聘請結構師勘查，確認大樓結構安全無虞，理事會要求加做補強工程。黃瓊惜指著樑柱說，支撐柱子只要有裂痕，皆以八厘米鋼板穩定，花了半年完工，耗資 450 萬元工程費，才讓孩子進教室上課。

利潤回饋給社員。」建立大家對於合作理念的認識，和社員互動，慢慢耕耘。

一九八四年一月十五日，門市部成立，租用管理中心空間，一樓會議室改成賣場，地下室和管理中心共用，防空演習室改成儲藏室。一九九九年的九二一震災後，「合作社的貨架倒了，影響不大。店門一開，很多人跑進來買水及日用品。」黃瓊惜回憶，當時鄰居都跑到空地避難，她也帶著孩子在空地住了三天帳篷。二〇〇三年，這片空地成了南崗消費社的現址。

南崗合作社的社員主要分為團體社員和個人社員兩類，前者是企業主，以「職工福利委員會」身份加入；後者是勞工個人。表決時，不論團體或個人，一人一票。「採辦伙食是福委會的主要業務之一，旺季時，一個月的採購量可達一百包三十五公斤裝的米及一百桶十八公斤裝的沙拉油。再由合作社外送到工廠或員工餐廳。」黃瓊惜說，人力成本逐年提高，工廠轉型、外移，從自辦伙食到改成團膳，南崗消費社業務也陸續受到影響。

開辦幼兒園　親子兩代皆校友

幼兒園是南崗消費社的另一個重要業務。一九八五年，黃瓊惜接下經理時，開始購置土地，開辦幼教業務。

回憶當時，黃瓊惜騎摩托車載林明德，提著南投三大農特產「冬筍、蜂蜜、紅蕃薯」逐家拜訪社員，「資源匱乏之時，有錢出錢有力出力，遊樂設施、風琴、辦公桌，社員以公司名義捐贈。」一九八六年，第一期六間教室工程動工，自籌六百多萬，沒有貸款。不久後，全台第一個示範勞工托兒所「南投縣南崗勞工消費合作社附設私立南崗托兒

幼兒園曾是南崗消費社的重要業務

所」完工，佔地一千兩百坪。

「資本主義最後常走向弱肉強食，合作經濟具有經濟功能外，堅守公平公益原則。」林明德、洪育樵★兩位合作社顧問，在興建幼兒園前，四處觀摩考察，利用山坡地地形優勢設計成溜滑梯，利用建築兩側的載力支撐，讓室內空間沒有樑柱，教室互通且皆設有廁所，在三十多年前都是少見的規劃。

一九八八至一九九一年間是幼兒園的黃金時期，大班、中班各有五班，小班三班，共十三個班，外界請託加收不斷，一班收到三十個學生，全校人數最多曾有三百八十多個學童。一九九三年，擴建二期工程，規劃一棟四層樓基礎的教學大樓，一、二樓共十間教室，耗資逾一千一百餘萬元，當時貸款七百萬元，其餘自籌。黃瓊惜回憶，當時幼兒園園生多，消費社業務和幼兒園業務都很穩定，金流也很穩定。

一九九九年，當地曾發生小學生遭殺害案，社員極力要求增設安親班。當年三月排除萬難增建教學大樓三樓和四樓，共計五間教室及一層廣達一百五十坪的活動室，供幼兒活動使用，耗資六百五十萬元。黃瓊惜說，當時每天除自家的三部娃娃車，又租兩台遊覽車到八所小學接小孩，全盛時期派出五輛車。隨著少子化效應發酵，二〇〇七年起平均每年減招一班。二〇一八年，最後一部娃娃車屆齡退役，安親班業務也於二〇一八年結束。二〇二〇年，因安全法規，被校友譽為精神象徵的「溜滑梯」停用。

「如果再來一次，我應該不會有相同的勇氣了。」初出茅廬的野丫頭如履薄冰，

★洪育樵曾任松和公司總工程師，合作社第一屆至第三屆理事。

南崗消費社是很多附近民眾添購日用品的所在

二十七歲接下經理後，黃瓊惜視為「父親」般的貴人、管理中心主任、後任顧問林明德的陪伴下，走穩每一步。如今，南崗工業區是南投產業的中流砥柱，而南崗合作社是碩果僅存的勞資合作社，幼稚園也滿載了超過三代人的童年回憶，兩者真正滿足社員的「身心」需求。

Chapter
3

社區合作社

世代平安
有溫度的仕安米

社名

有限責任台南市後壁區仕安社區合作社

業務內容

公用部｜辦理醫療衛生、食堂等業務
生產部｜辦理種植、生產運銷等業務
消費部｜供應社員生活必需品之供應
代理部｜代辦郵電、水電、其他政府委託辦理等業務

採訪時間

二〇二一年四月

廖育諒（左）

二〇二一年四月，疫情升溫至三級警戒前不久，嘉南平原已然入夏。走進碾米廠一角的展示室，放送的冷氣救人於戶外的燙人高溫。大木桌上的一壺黑豆茶，熱氣逸散，稍喘擦汗，契農的證照羅列牆面，一段又一段的故事緩緩道出。

仕安社區合作社位在台南市後壁區，鄰近的後壁車站是台鐵入境台南市的第一站，相距車程十多分鐘。與合作社相對的是全台唯一的五分車長短樹信號所，建於日治時期、一九六三年改建，曾是全台最多五分車鐵道線的匯流地，近年因選作連續劇場景而知名度竄升。儘管許多遊客來訪，根據台南市戶政事務所統計，截至二〇二〇年十二月，後壁區六十五歲以上人口將近全區人口的三成。

共好之事始於一顆初心，仕安社區合作社的起點緣起生於斯長於斯的廖育諒。

二〇一〇年十二月二十五日，台南縣市合併為直轄市，後壁鄉改制為後壁區，仕安村也跟著改為仕安里，廖育諒參選第一屆仕安里長，直到二〇一七年十二月，台南市鄰里整併，仕安里整併為長短樹里，卸任。

談起參選里長的遠因，和僅距離岳王宮一百公尺的基地台有關，歷經一番波折，二〇〇八年終於拆除。二〇〇一年，父親一句話促使廖育諒和社區的緣分，「你認識的人多，來幫忙拆基地台的事。」一店在新營，住家和工廠在仕安老家，過去只有晚上回家休息，和社區沒太多互動。基地台設立很長一段時間了，大家都很反對，不少村民傳出長了「不好的東西」，村裡暗暗傳著可能和基地台有關。

當時廖育諒的父親找他幫忙和企業協調，請民意代表出面溝通。開第一次協調會時，企業的態度友善，確定拆除時間，書面簽約。豈料，約定的時間到了，又過了半年，還是沒拆，還匯了半年的房租給地主，再開第二次協調會，不歡而散。「一股傻勁吧！找鐵工朋友開吊車直接來拆。企業那時也傻了，遇到一個硬拆的。」當時企業對廖育諒提告，毀損私人財產，索賠三百多萬。「水和叔幫我處理，開庭時動員兩台遊覽車的里民到法院聲援。」當庭，法官對企業訓話，最後私下和解。社區耆老、退休老師周水和的鼓勵下，廖育諒決定參選里長。

成立合作社以滿足社區需求

人口高齡化、年輕人遷出、老屋閒置荒廢，是現今農村常見的景象。廖育諒認為，社區營造的第一步是改善環境。「打掃得乾淨不乾淨不重要，目的是讓大家走出家門。」剛選上里長時，廖育諒先組織社區清潔志工隊，把坐在家裡的老人們拉出來聯絡感情，社區越來越乾淨舒服，鄉親也越來越有參與感、成就感。「社區營造不只是為了讓社區變好看，在地人也能用到這些服務和設備。」面對獨居長輩的問題，廖育諒先從食和行開始，透過社區的力量切入，行是老人家最難解決的一題。

後來，廖育諒的父親生病，「我有時間載爸爸去醫院，但村子裏其他的長輩怎麼辦？當時這裡沒有公車，要靠白牌車，在鄉下很普遍。」家裡有轎車、有時間的人，幫忙載有看病需求的長輩，一趟收費三、四百元起跳，距離從新營的診所、柳營奇美醫院或麻豆新樓醫院、嘉義太保長庚醫院、台南市區成大醫院或奇美醫院，遠近計價。「最讓人捨不得的是，老人家都很節儉，不願意讓孩子請假帶自己去看病，小病忍成了大病。」出發、候診、看診、回程一趟至少需要兩小時。

社區是一個大家庭，厝邊是農村生活的好幫手，找機會讓獨居的老人家出來聚一聚，才不會胡思亂想。村裡也曾發生孩子打算將長輩安置在安養中心，長輩不願意。一次，廖育諒和對方的孩子聊天時，提到：「其實鄰居的觀照是最好的照顧，萬一媽媽不舒服，鄰居一定會知道，庄里有服務車可以幫忙接送到醫院，還有共餐，都會幫忙。你不要擔心。」一番遊說下，長輩才繼續住在家裡。「孩子的安排是好意，但長輩被迫離開熟悉的環境，對身心反而不好。」老化、外移，是台灣農村的典型，仕安

社區醫療車

社區也不例外，青壯年離鄉工作，長者獨居，萬一長者生病，村內沒有診所，土生土長的廖育諒看著村子裡熟識的長輩，總在這樣的掙扎裡，選上里長的他許下心願，未來要讓社區有一台專屬服務車載長輩去看病，讓孩子能安心在外工作，老人放心在家鄉養老，一起面對生命課題。

「醫療服務車是我最想做的事。」這是廖育諒擔任里長時的最大心願。甫上任里長的廖育諒即利用事務費，開辦醫療服務車陪診服務，聘僱司機載長者到醫院，協助看診。「我不會一直當里長，醫療服務車要怎麼持續呢？」廖育諒知道這樣的財源不穩定。「捐款和向公部門申請經費，都不是長久之計。我是生意人，不喜歡一直向人伸手要錢。」長期參與社區營造的他深知，後續的營運更需要人力和經費。

在社區成立一個事業，經營與社區相關的產業，收入用來支應社區的需求，不論是環境維護或是長者照護，是最初的概念。「這裡大家種米，要做不一樣，不用農藥不灑化肥，要跟人家不一樣。」廖育諒打算成立企業社，邀請村民一起做生意，賺到的錢回饋到醫療服務車、照顧服務老人。

二〇一三年農曆年前夕，台南市政府社會局承辦人員鄭郁璇建議成立合作社。廖育諒趁著年輕人返鄉過年，向每戶發邀請說明函，把社區想做的事寫清楚，「社區裡很多老人家不識字，又解釋不清，容易引起誤會，不如先讓子女了解，再幫忙說明。」他回想，說明函發出的第一個禮拜沒消沒息，第二個星期開始有人加入，一個月後共有七十三戶加入，原本預計募集兩百萬元的股金，最後總股金達兩百五十一萬六千元（每股一百元，最少五十股、最多二千股）。在村民的共同努力中，仕安社區合作社正式成立。

外部介入釐清內部困頓

仕安社區合作社發展的一路上，遇到許多友好團體，二〇一三年底，當時就讀台南藝術大學建築藝術所社區營造組的研究生周軒睿、夏宏欣來到仕安社區，加入由建築空間設計師、學長林鍵樺的三合院改造工作，參與社區越久、認識越深，也開始協助社區的推廣工作，「記得當時跟周軒睿開車到汐止南港的科學園區，拜訪大公司賣米，跑了兩、三個，都沒有賣出去，我們的知名度不夠。」在賣米的過程中，讓合作社的共同經營、共同承擔發展得更明確。之後，在駐村學生的協助下，成立社區課後輔導班，社區裡的大學生協助解決高中生的課業，高中生協助解答國中小學生的功課。

除了參與社區事務與合作社社務業務外，周軒睿於二〇一五年六月以《從社造到造社——台南仕安社區的營造經驗》為論文主題，取得台南藝術大學建築藝術研究所碩士學位。駐點於仕安社區近三年，於論文中記錄參與過程的觀察，對於仕安社區合作社的發展是舉足輕重的一步。

合作社籌組之初，為求公平，選擇以「公司分股」方式進行結餘分配，意指依個人認股多寡進行結餘分配，當時「大家作伙賺，於賺錢大家作伙分」是說服村民認股集資的最佳選項。根據周軒睿的觀察，最初合作社訂定結餘分配方式時，以賺多少分多少的方式進行結餘分配；意思是合作社每次的開支都是從原先的資金支出，長此以往，當合作社的收入沒有增加時，最糟可能遇到兩種狀況：一、合作社無法進行大型設備的投資；二、契作區一旦連續兩期遭遇天災，合作社恐面臨破產。

南藝學生與合作社幹部積極討論如何有效分配結餘，「對社員而言，原先的分配制度很公平，但是把辛苦賺到的錢全數分光，實在很可惜。」學生的提問是：是否應重新思考成立合作社的初衷？成立的目的是什麼，為了誰？社區、還是社員？

不斷的討論溝通與外部交流中，二〇一五年五月十四日，針對結餘分配一案，合作社幹部與南藝學生確認共識：幹部獎勵金十％、公益金二十％、社員股息十％，其餘部分為合作社公積金（預備金），並以實際公益金回饋與股息方式取代原有的分股模式，將部分資金（預備金）留於合作社內運用。

確立了結餘分配後，部分的公益金亦作為急難救助金使用。有位住在村裡的青年精障者，身形高壯，發生攻擊人和不雅舉動的情況。「我在任里長時，曾強制就醫三次，送醫後一個月又送回來，長輩也無能為力，家裡雖是經濟弱勢，但又不符合全額補助的資格。」尋求安置單位時，每月四千元的費用該家庭無力負擔，該教養單位了解狀況後，減少為三千元，當時合作社決議提撥公益金協助處理。

業務穩定支持社務穩定發展

創社之時，仕安合作社水稻契作（台稉九號），與契農約定不用農藥、化肥，只用生物性資材如苦茶粕，以標準收成量的八割收購（一割為一分地稻穀的收成量，即一百台斤），「第一期約有一千一百斤的收穫，到了二期農病蟲害嚴重，只剩下三百多斤。連續損失兩年，幾乎是用一期賺的錢貼補二期的損失。」在主婦聯盟合作社產品專員的建議下，第二期轉種大豆。

在南藝學生的牽線下，仕安社區合作社開始與主婦聯盟合作社交流，從社員參訪到協辦活動，二〇一五年十月，仕安社區合作社正式成為主婦聯盟合作社的生產者，供應台梗九號無毒良質米作為米漢堡的原料。穩定銷售通路後，合作社逐步轉虧為盈。截至二〇二二年，共有六位契農，耕種面積八公頃。廖育諒談到，開發通路是目前最需要努力的部分。

合作社販售的商品

合作社沒有碾米、烘乾設備，需要送到其他碾米廠加工，仕安的產量少且不用藥，需趕在其他大宗生產者收成前，完成收割作業。「曬穀、碾米，都是合作社要處理，但我們的量不多。」廖育諒說，每到烘稻時間就頭痛，萬一稻米熟度只有半熟或是還沒熟，送一百斤去烘，只烘出六十斤，對合作社的影響很大。二〇一八年三月十七日，在公部門的計畫支持下，及旅外鄉民長期無償提供土地，合作社向社員增資逾千萬元添購儲藏、碾米、冷凍、烘乾及米食研發等設施，建置全國第一個由社區居民集資興建的集貨、運銷、處理室。

「花若盛開，蝴蝶自來」借用這句作者佚名、在網路上廣為流傳的話，十分切合仕安社區合作社一路走來的發展。

Chapter
4

社區合作社

熱血公務員促產學聯手 打造農廢變烏金的循環經濟

社名

有限責任台南市官田烏金社區合作社

業務內容

消費部｜辦理社員生活必需品、農產品、菱碳加工品等項供應

公用部｜辦理長者健康照護

生產部｜辦理各種與農業有關之生產業務

採訪時間

二〇二一年三月

菱炭森活館內有著各式菱殼炭應用、藝術品

二〇二一年三月，鎮守台南市官田區西庄的惠安宮對面，新開了一個小舖「菱炭森活館」。推開黝黑如菱角殼的隔熱門面，裡頭擺滿了各式以菱殼炭為基礎的生活應用小物，從除臭包、擴香石到防疫小物「口罩香氛扣」，一應俱全。這個小舖是由官田烏金社區合作社、官田區公所與崑山科技大學等單位聯合促成。

小舖的主角要從研發出「菱殼炭」的官田烏金社區合作社說起。

每到九月至十一、二月，正值官田菱角的產季，佔了全台產量的八成，種值面積逾三百公頃，產出四、五千噸的菱角。

各式菱角產品、郊遊行程紛紛上市之時，伴隨而來的是，外地人少有耳聞的副產品「菱角殼」。菱角的盛產時期，路口街邊總能見到成堆的菱角殼，連日曝曬後，蚊蠅群飛腐敗味道散逸，礙於菱角殼是農用廢棄物，垃圾車不收，農家通常就地焚燒或掩埋處理，但焚燒容易造成空氣污染，一不小心也容易釀成火災；菱角殼十分堅硬，菱角的兩個端點相當尖銳，掩埋則偶有農人踩傷的意外。

二〇一四年，顏能通就任官田區第二任官派區長，理工背景出身的他，調任前，在環保局服務，負責處理垃圾收運，「台南市東區的『藏經閣』，我曾經在那裡當過隊長。」接觸回收再利用的概念。來官田才知道困擾農家很久的菱角殼問題，「在那之前，對於這個議題一片空白。」從盤點社區的需求、了解產業面的需要開始，從頭摸索。

隔年九月，在一次課程中接觸到「生物炭」，邀請任教於成功大學化學系的好友林弘萍，組成研發團隊，開始菱角殼燒成生物炭的實驗，也開始了後續一連串的發展。

生物炭

「生物炭」（Biochar）是什麼呢？根據國際生物炭倡議組織（IBI）定義，是指有機物質在密閉低氧環境中，經加熱分解產生的固態物質。「菱殼炭」是利用利用高溫低氧的上方點火法（Top Lit Updraft，TLUD）將菱角殼製成生物炭。

研究結果顯示，菱殼炭的結構纖細多孔，具有極好的吸附力，可封存二氧化碳等溫室氣體達數千年；應用於農業，在淨化水質上有顯著的效果，也能改善酸化土質、提升土壤保水能力；亦能增加作物產量。

聚焦，從找問題開始

官田烏金社區合作社成立於二〇一七年。談到選擇社區合作社作為組織區民的方式，「社區合作社是新概念，要區長來帶。我的任務是把大家拉到這個平台一起工作。」顏能通認為，區的治理不只有建設，軟體也很重要。菱殼炭不只是社區產業，也是他的治理方向。

二〇一八年四月鄰里合併，從十三里減少為十個里，資源減少；再加上人口老化、負成長，學子到外地唸書，「現在少一個班等於少聘一個老師。」調任時，顏能通到每個地方走動，找產業、找學校聊天。「開始做烏金時，社區、學校、農民都開始出現危機感。」籌組合作社的關鍵是共同需求。「青農、里長、社區幹部的需求都不一樣，他們的共同點是生活在同一個社區裡，最了解在地的問題。」每一次與社區居民聚會，顏能通總是把對方的需求放在第一位，菱殼炭對農業有什麼幫助？菱殼炭對學校有什麼幫助？菱殼炭對社區有什麼幫助？」他說，菱殼炭能淨化水質、土壤改良，切合農友的需要；適合當作環境教育的主題；更是解決官田區菱角的農業廢棄物問題的產品。

社區民眾正在為菱角剝殼

分工，從打破邊界開始

「走到今天這一步，絕對不是我當初能想像的。」顏能通說，一開始想的很簡單，抱著拼一下試試看能不能改變什麼，失敗了也就這樣。「這是很新的試驗。社員以個人為單位，不是以社區為單位，社員包括里長、社區發展協會理事長、校長、青農等有意願的公民團體組織人員。」顏能通說，每個社員代表一個組織，自己以個人名義加入。

選擇成立社區合作社的原因，是為了讓官田區的社區總動員。「菱角殼幾乎是

大批已經曬乾的菱角殼，準備送至原炭生產基地

官田區每個社區都有的廢棄物，過去的社區總體營造常著重在單一社區，做自己的事力量小，透過跨社區的概念，有共同主題和目標，分工合作。」顏能通談到，讓有意願參與的社區認股，合作社以固定價格收購菱角殼，由公所派垃圾車收菱角殼，再派到社區進行加工，同時也為社區創造工作機會。

菱殼炭的製造過程不簡單。從菱角採收開始，經過剝殼、曝曬五至六天後，送至原炭生產基地——菱炭生活工場，以一千度的高溫悶燒五十分鐘，菱殼炭再泡至水中淨化雜質，再曝曬一回合，製程耗時一、兩個月，黑到發亮的「烏金」才大功告成。

「首先，盤點每個步驟，曬殼、燒炭、應用、銷售，確認分工再由社區認領。」每個社區扮演不同的角色，

A社區負責載殼、曬殼，B社區負責製碳，C社區做社區園藝，D社區做吸附包包裝，F社區做社區料理，分工的過程當中以菱角殼（菱殼炭）為主體。

「如果沒有動機，硬性要求，容易受到排斥。」顏能通說，讓有興趣加入的里長、理事長主動加入，也會邀請適合的社區做特定的工作，如拔林社區的地理位置居中，空地多，又有關懷據點人力，特別邀請該社區負責曬殼。菱角殼染布、做吊飾，官田農會研發菱角茶包，繼續這些創意，「不是每件事情都從零開始，在現有的基礎上進行調整。」他談到，跨域工作的概念較新，打破過去在單一社區做特定工作的模式，如官田社區的婆婆媽媽很熱情，喜歡社區園藝，鼓勵邁向社區廚房，利用大崎農林場的設備，社區媽媽的手藝獲得發揮。其實，最開始顏能通只是單純地想處理菱角殼問題，沒想到卻為社區產業找到創生的新活路。

「烏金和學校有什麼關係？看起來沒有關係，實際上是關係很深。」一直以來，菱角是官田國中環境教育的一環，而後，烏金也列入校本課程重要主軸。官田國中第九任校長陳文財對烏金合作社的理念很認同，也入社成為社員。二〇一五年，官田國中安排種植菱角的體驗活動；二〇一六年，與官田區農會、官田區四健會及水雉生態教育園區合作食農教育活動；二〇一七年，和官田區公所合作社設置官田窯，讓師生體驗將廢熱回收來料理在地食材的概念。

二〇一七年，李政憲加入團隊擔任官田烏金社區合作社專案經理，成功大學化學系、清華大學生醫工程與環境科學研究所畢業，因師長林弘萍的牽線而加入，並成立「那顆炭國際有限公司」負責研發和銷售。李政憲談到，傳統的觀念是企業賺錢回饋地方，但如果能在銷售同時，就為地方創造收入，不是更好嗎？這正是他對銷售菱殼炭產品的期待。

結束，是自立的開始

故事發展到二〇二一年出現了一些轉折，在此之前，身為官田區大家長的顏能通扮演了運籌帷幄調度協調的角色。二〇二一年四月十四日，顏能通調任台南市東區區長。原任業務經理的李政憲更深入參與社務，二〇二一年接下常務理事的重任。

無奈的是，礙於區公所和環保局為平行單位，業務非重屬關係，原由清潔隊協助清運菱角殼的業務，也在二〇二一年告一個段落。二〇二一年底，顏能通榮獲一一〇年公務人員傑出貢獻獎，獲得一筆獎金。「在路上看到一輛掛著『售』的三．五噸貨車，正好符合合作社的需求。」李政憲說，區長把獎金捐給合作社買車，救了載運菱角殼的急。過去來自公部門的資源和支援逐漸減少後，「對合作社來說，是考驗也是預備自立的開始。」李政憲談到，過去承蒙產官學三方合作促成了合作社的誕生，二〇二二年逐步走向自立。

二〇二〇年，搬到西庄和媽祖為鄰，「主委說，惠安宮的媽祖是從鹿耳門天后宮請來的，我家裡的媽祖也是。」李政憲笑說，也許冥冥之中媽祖把我引到這裡。「東庄和西庄是菱角的發源地，從種菱角、曬菱角殼、碳化後再回到農地裡，在同一個社區完成，從搖籃到搖籃的循環經濟示範。」李政憲對西庄的想像更具體。「常聽人說，退休之後想做點什麼事。區長則說，為什麼不在還有一點影響力的時候來做呢？這樣速度不是更快嗎？」李政憲很認同。

分別與官田國中兩任校長互動，上一任校長陳文財重視食農教育，敬世龍則積極引入外部資源，「平常就在這裡，撥一點時間去。我在能力範圍內盡力幫忙。」往學校跑的時間越來越多，除了官田國中，也到隆田國小協助課後社團，李政憲說，透過自然科學連結烏金，讓學生透過菱殼炭學習自然科學，希望為在地提供教育服務。

根據英國合作社協會的定義，成立五年的合作社還很年輕，意思是變數很多、挑戰也很多。發展過程，需要更多的陪伴和支持，不論是外部還是內部。儘管一開始，是熱血的區長為了解決農業廢棄物而組成的合作社，搭上「地方創生」列車而緩緩向前駛，只要共同需求而在，社員心中的火不滅，能把菱角殼燒成烏金的這把火一定永遠興旺！

Chapter 5

儲蓄互助社

看見數字背後的意義

社名

台南市新樓儲蓄互助社

業務內容

存款、借款、貸款等金融服務

採訪時間

二〇一八年四月

源自德國鄉村、以「非為營利．非為救濟．乃是服務」為信念的合作金融運動，在全世界擁有超過一百七十多年的歷史，二〇一八年適逢「鄉村信用合作社之父」雷發巽兩百歲冥誕。

回顧台灣的合作金融／儲蓄互助社運動的發展，一九六三年，由天主教耶穌會引入台灣後，一九八二年，全國性推動組織「中華民國儲蓄互助協會」成立，一九九七年五月《儲蓄互助社法》完成立法。其中，創社逾五十周年的新樓儲蓄互助社一直扮演重要的角色。

一九七三年十月二十六日，新樓儲蓄互助社由新樓醫院、教會公報社、互談會的員工及台南神學院師生，於台南神學院第九教室成立。成立之時，社員有一百一十人，股金二十二萬元，如今股金成長至超過十三億元，社員近七千人，分布全台從沿海到山區，並與超過五十間教會建立共同關係。二〇一八年五月，和新樓社走過二十五年的授信組組長劉麗卿，透過她的參與，看看儲蓄互助社和一般金融機構的不同（編按：劉麗卿同年屆齡退休）。

授信組組長劉麗卿

從農會到儲互社

新樓儲蓄互助社位在台南市區的東門陸橋一側，走上二樓，服務台後方的門上掛著「授信組」小牌子是劉麗卿的辦公室。

自商科畢業後，劉麗卿到農會服務了近七年，透過每半年輪調，從收付、處理香蕉款、乙種存款，再到會計部門，累積了扎實的基本功。「以前要在銀行開戶也不太容易，儲互社大多成立在偏遠地區，剛成立多以教會或特定地區社群為基礎，比較親民。」成長於屏東潮州的基督教家庭的劉麗卿，對儲蓄互助社並不陌生。

談到與新樓社淵源甚深的林信堅牧師的互動，劉麗卿回憶年輕時到台南神學院拜訪姐姐巧遇牧師的往事，林信堅牧師騎著腳踏車從姐妹倆身邊經過後又折返問：「牧師娘，這是你的誰呀？邀她加入新樓社啦！」往前轉個彎就是當時還設在台南神學院的辦公室，劉麗卿馬上走去辦公室申請入社，林信堅牧師看到驚訝問：「平常都是我拜託人加入，人家還會問儲互社是什麼？你怎麼連問也沒問就加入了。」

成立於一九七一年十二月的屏東信昌儲蓄互助社，劉麗卿是創社初期的不可或缺的義工幹部。「太久了，都忘記了。」採訪前一天，她特地打電話到信昌社確認成立時間。想起潮州教會謝牧師找上當時仍在農會服務的劉麗卿幫忙，沒有電腦的手寫年代，每到發放股息時，面對近兩百位社員的帳目，對帳對到眼花。她苦笑，白天在農會信用部上班，晚上加班做儲互社的工作，連出門散步的時間都沒有。每年進行例行查帳，督導總是很開心：「來你們社查帳最輕鬆，帳目與存款都正確、科目也沒弄錯。」每次聽到督導這句話，總讓劉麗卿的心中湧起滿滿的成就感。

因結婚遷居台南，劉麗卿先在東門巴克禮紀念教會服務。「一九八〇年代，找工作相對容易。大家對儲蓄互助社不了解，聽牧師說在教會公報刊登了三個月的徵人廣告，都沒有人來應徵。」當時意外被牧師發現曾有儲互社的工作經驗而被「挖角」，一九九三年十一月一日加入新樓儲互社服務，曾擔任經理助理、幹事、催款到放款等工作。

銀行不願意的事情，儲互社做！

根據中華民國儲蓄互助協會的統計，截至二〇二一年十二月底，全台灣儲蓄互助社共計三百三十五社，社員數超過二十二萬。儲蓄互助社的運作模式是，以社員的共同關係為基礎，入社資格依每個社自訂的共同關係而定，以社員每月定期存入的股金為本，提供社員貸款，也提供人壽互助基金及貸款安全互助基金服務。向儲蓄互助社借錢的前提是，在社內要有存款，且穩定儲蓄。「新樓社規定，每人每月最少存一百元以上，養成儲蓄的習慣。」劉麗卿說，從小錢開始存，以股金倍數，存多可以借多，

劉麗卿曾擔任經理助理、幹事、催款到放款等工作

若沒有資金需求時，存在儲互社的股金也等於幫助了有需要的人。

和銀行借錢不容易，沒有抵押品更困難，二十年前，台灣曾掀起一股「跟會」風潮（又稱「民間互助會」），當時是民間很普遍的儲蓄方式，但「倒會」事件也時有所聞。許多牧師看到會友被倒會後，影響家庭經濟或教會弟兄姊妹感情等事件層出不窮，便向新樓儲互社提出，除了牧者外，開放該牧者牧會的會友入社，並由牧者為介紹人。一九七八至一九八〇年，時任新樓社社長林信堅牧師確認共同關係的開放，此舉也讓新樓社的社員數成長至創社時的六倍，股金則成長十倍，躍升為全國最大社。

「『跟會』的人多是抱著以防急用的心情，或標下『會仔』應付臨時大筆的急用。」負責放款工作多年的劉麗卿看到許多本來很要好的朋友，因為跟會、倒會或因借錢還不起，關係變得非常尷尬。「不會欠人情是和儲互社借錢最大的好處之一」。「讓社員願意且放鬆地講出他的需要和困難，也讓社員感受到『我有困難，儲互社會想辦法和我一起解決』。儲互社就像一個大家庭。」劉麗卿了解對一般人來說，向人開口借錢是很難跨出的一步，她以同理心讓對方的緊張和為難減到最低。「到儲互社貸款是為了幫助社員的需求，而不是成為社員下個月的負擔。」劉麗卿理解，每個有貸款需求的社員都有不同的原因，許多社員是因為不符合銀行的貸款條件，轉而向儲互社求助，因此只要符合新樓社的規定，她都盡量協助。

劉麗卿回想，加入新樓社之初，貸款政策只有薄薄的兩、三張紙，累積多年的經驗，現有的貸款項目超過二十幾種，從汽車貸款、抵押貸款、五五生豐、結婚貸款、好孕到等貸款，希望服務能越來越接近社員的需求。

不只救困，也救急！

一文錢逼死一個英雄好漢！遇到逾期還款，儲互社會怎麼處理？社員剛開始延遲繳款時，會先打電話關心了解狀況。打電話的目的是提醒，也是關懷。「社員聽到我的聲音，不會掛我電話，反而會跟我報告近況。」劉麗卿談到八八風災發生時正巧調到催款組，當時有好幾位沒聯絡上的社員原以為失蹤了，她一個一個慢慢打、慢慢找，打了一個多月，有天電話忽然接通了。「沒水沒電，我的手機剛好在避難中心充電。被你找到啦！」劉麗卿回想，這位社員慢慢還也還完了，甚至後來兒子也到新樓社辦理汽車貸款、結婚貸款。有一次到三地門部落出差，遠遠的社員的兒子指著自己的車子大喊：「這輛車子就是跟新樓社貸款買的啦！」。

一時手頭緊或發生意外而有還款困難都是常見的情形，儲互社都能理解，不會馬上送法院對債務人發支付命令，只要慢慢還、按月還，有多少還多少，重要的是穩定還款。有時社員還到一定程度，儲互社會請社員來換單，先調整本金讓社員減少償還壓力，利息也會漸漸減少，負擔也相對降低。

儲互社的社員意外身故，遺留的貸款一筆勾消，家屬不會繼承債務。「自己幫助自己，儲互社提供保障幫助你。」劉麗卿說明，社員完成貸款申請，儲互社也在同時啟動貸款的保險機制（貸款安全互助基金），儲互社幫你付保險。新樓社曾有位社員，平時開車全台跑透透做生意，向新樓社貸款八十萬元，餘款還有六十萬元。某個月這位社員的太太和兒子，抱著向親友借來的三十萬元要來還款。一問才曉得，社員車禍過世。劉麗卿說，社員太太依照一般金融機構的方式處理未還貸款，但在儲互社的規則裡，這位社員還款正常，意外身故後，貸款安全互助基金保險可還掉六十萬元的貸款，股金原有三十萬元，人壽互助基金（股金）再獲得三十萬的理賠，家屬可領回六十萬元，讓家人在傷心之餘，不需再為還款傷神，有些銀髮族社員戲稱這是「棺材本」（編按：因應規定調整，以最新規定為準）。

此外，由於興建新教堂時或教堂年久失修，需要貸款，過去因教堂所有權不如私人財產那樣明確，而被銀行拒絕。在長老教會內，透過向儲互社貸款建堂或修繕是很常見的情況。劉麗卿談到，隨著與其他教派建立共同關係，越來越多宗派的教堂向新樓儲互社尋求借貸協助。

儲蓄互助社的存在，正實踐著雷發巽的名言「We do together what we are too small to do alone」（孤掌難鳴，合作成事），也呼應二〇一七年國際合作社節的訴求「Co-operatives ensure no one is left behind」（合作事業保證不會拋下任何一個人）」，在台灣的小小角落，總能遇見從儲互社傳遞出來的溫暖心意，支持有需要的人穩穩朝著未來踏出每一步。

Chapter
6

儲蓄互助社

玉井儲蓄互助社
社區是互助社的根

社名

台南市玉井儲蓄互助社

業務內容

存款、借款、貸款等金融服務

採訪時間

二〇一八年六月

下了台八十四線，越過後堀溪，經過醒目的芒果地標，「芒果的故鄉」玉井就到了，漆著「玉井儲蓄互助社」大字的大樓在不遠的前方。一九七四年十二月底創立，由玉井長老教會無償提供的禱告室作為辦公室，十四年後；買下對面的三層透天公寓，有了獨立的辦公室；二〇〇〇年，買下一塊兩百坪的地，建了自己的大樓。如今，社員數超過三千人，股金逾五億元，玉井儲蓄互助社在這座山城裡與住民渡過第五十個寒暑。

奉獻？存錢？信徒的兩難

一九六〇年代的台灣農村，經濟狀況普遍不好，向農會借錢不易，農民常以抵押「糖包」（當年度預計收到糖廠的貨款）借款。當時是玉井長老教會長老，同時也任職玉井農會總幹事的玉井互助社發起人張春貴，看到這樣的狀況想到，互助社在農村教會一定能辦起來，也一定能改善教友的生活。當時已年過七旬的張春貴努力推動，

李幼玉於二〇一八年退休，後又擔任玉井儲蓄互助社理事主席

玉井社因此成立。

「前十年算是互助社的冬眠期吧！一直到林松齡長老加入，發生一些改變。整理當時的存款資料從五毛錢到五塊錢都有。當時股金不到五百萬，社員人數不到八十人。」二〇一八年六月底屆齡退休的玉井社經理李幼玉回想，大部分的教友都沒有錢奉獻了，哪有可能存錢。「一聽到互助社只能存錢，股金不能隨意領，大部分的人都搖頭不加入。」這是早年外界對儲蓄互助社的迷思，

也是社員數遲遲無法成長的原因之一。「存款，互助社幫你保險；借款，互助社也幫你保險。把股金領走，就無法保險。存下來的錢是未來能自由運用的資金。」玉井社改變了對外說明的方式，也改變了長久以來外界對互助社的錯誤理解。

二〇一七年，前社長林松齡在睡夢中回天家。一九八一年，他接任理事後，敢衝、敢付出，一步一步帶著玉井社往前走，甚至興建了玉井社這棟大樓。一九八四年七月，李幼玉加入玉井社，成為當時第一個、也是唯一的職員。擁有西拉雅族血統，輪廓深邃、個頭高壯的她從助理到專職，跑銀行、跑法院、催收、放款，什麼工作都做過，什麼壞臉色都遇過，與林松齡有著深厚的革命情感。林松齡擔任社長期間，玉井社開放非教友入社是轉變的開始，社員數開始緩步爬升。「二〇〇〇年破土、二〇〇二年落成，二〇〇一年先搬進來辦公，在全台灣儲蓄互助社的辦公室規模中，玉井社應該是最大的。」李幼玉細數過往，從買地、蓋房子到裝潢，耗資五千萬，大樓落成時，玉井社的股金還不到兩億元，就知道我們要多勤儉才能蓋大樓。

扎根社區　共存共好

儲蓄互助社以社員的共同關係為基礎，入社資格由各社自訂的共同關係而定，以社員每月定期存入的股金為本，提供社員貸款，也提供人壽互助基金及貸款安全互助基金服務，是儲蓄互助社的運作方式。

玉井社的社員資格從玉井居民，開放到南化、楠西周邊三鄉鎮，二〇一〇年台南縣市合併，玉井社的入社資格擴大為大台南市市民。「我們社的共同關係很緊密，入社必須透過社員介紹，目前每個月平均入社人數約有十多人。」李幼玉遇過幾次企圖盜領事件，「非社員要來盜領絕對領不走，大家都認識。」在舊辦公室時，曾有人帶了裝有農會、郵局、互助社的存摺和印章的包包來代領款。

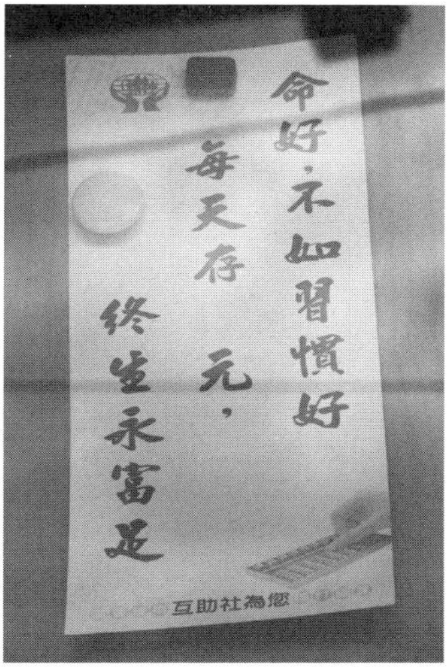

玉井社提供給社員的標語海報

「這個人一看就知道不是社員，但他有印章又有存摺，只好採拖延戰術：『這個印章看起來不太對。』盜領者說：『他是我朋友，他是警察，我來幫他領錢。』工作人員心想：『這位社員明明不是警察。』的同時，邊作勢聯絡本人，直接報案。」

「我們社貸款的逾期還款比例很低，透過連帶保證人都能找到借款人。」李幼玉說。玉井社小本經營，小心放款，現在社員的存款成長一．二三倍，意思是萬一要解散，股金一百元，能領回超過一百二十元。

「互助社跟銀行不一樣！原本不了解，越了解越珍惜。」玉井和地區互動緊密，連續四年，內政部委辦玉井社推動合作事業結合社區營造計畫；台南市社會局委託玉井社設置社區關懷據點、協助老人送餐等工作。李幼玉說，這是玉井社對社會的回饋。

由於距離台南市區、新營路途遙遠，為了減少社區民眾舟車勞頓，又滿足大家的進修需求，玉井社自辦社區課程，從法律、親子議題、手作、冰箱管理、保健養生等課程內容包羅萬象。「實在太忙了！常到晚上才能靜下來規劃課程。雖然很忙，但回饋很多。社區民眾後來也都變成社員。」李幼玉笑得滿足。

「我們的志工隊很棒！從社員大會、社慶、社區關懷活動幫很多忙，志工也是互助社的第一線解說員。」二〇一六年〇二〇六美濃震災，台南受災嚴重，玉井地區雖然沒有人員傷亡，但家戶建物出現程度不同的裂痕。二〇一七年，成功大學建築系、長榮大學社工系等團隊找上玉井社協助「建物劣化」志工培訓課程。李幼玉說，志工隊成員集合很快，未來在災害防治多一層的協助。

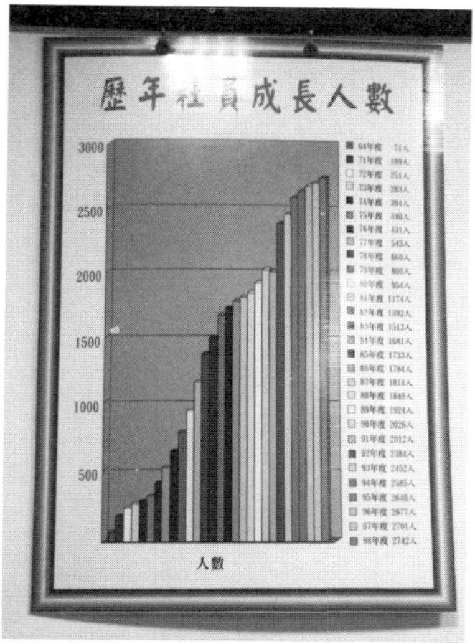

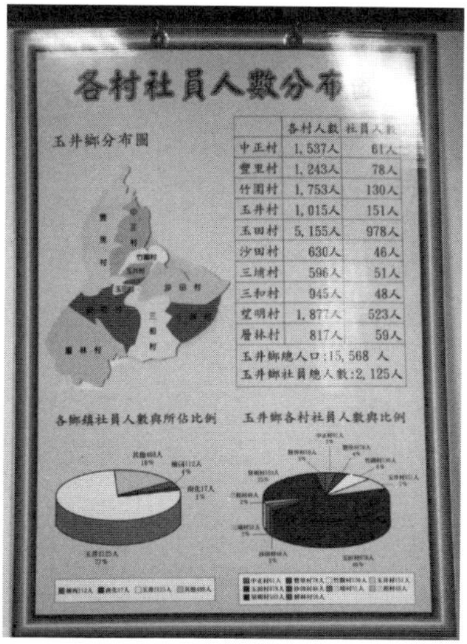

玉井社辦公室內懸掛的相關統計資料

「儲蓄互助社」源自十九世紀的德國農村，一九六三年再由天主教耶穌會引入台灣，從海邊到山上、從城裡到鄉村，這首「我為人人，人人為我，自助互助／非為營利，非為救濟／按期存款，明智借款／急時要用，有錢可借」的儲蓄互助社社歌，已經堅定且溫暖飄揚在台灣的農漁聚落和原民部落。

第 2 篇

災後的再生力量

遭逢天災後的重建過程，當地居民通常最需要哪些協助？一開始，來自政府支援、外部資源挹注，各種金援補助到位，但，經費總會用完，外援也會結束。回想採訪過程，每個合作社社員不約而同談到，希望能「有一份足以溫飽的工作」。這一章分別採訪到九二一大地震後，以及莫拉克風災後成立的合作社，產業別涵蓋縫紉生產、照護勞動、餐飲業務、咖啡產銷等面向，記錄社員如何一步一腳印走回日常，與合作社一起走向穩定的生活。

Chapter
7

走過九二一
石岡媽媽們扶著彼此站起來

社名

有限責任臺中市九二一重建區石岡區傳統美食生產合作社

業務內容

生產、烘焙及中餐供應等

採訪時間

二○一八年七月

呂玉美

朝著大山的方向走，下國道四號接台三線，石岡傳統美食小舖位在台中市區進東勢必經的豐勢路上。

九二一地震當時，石岡地區的死亡人數一百七十七人，若依人口密度算，死亡人數最多，受災嚴重。「石岡非常嚴重！」地震後幾天，娘家在豐原、時任婦女會理事長的呂玉美忙著募集物資、忙著把物資從豐原送進石岡。「小孩的需求都不一樣，奶粉、尿布，甚至衛生棉，每個牌子都拿。但剛開始物資不夠，一次只能先拿一罐、衛生棉只能拿一片。」講著講著呂玉美的眼眶紅了。過了幾天物資進來，直接送進東勢，「石岡很容易被忽略……」災後灰塵瀰漫，呂玉美的摩托車壞在半路修了好幾次。

二〇〇〇年，改制前的台中縣社會局、勞工局為了支持災民重建生活，安排職業訓練課程，「當時和公所、農會協調場地，鄉長幫我們接水管找大型設備，自己畫海報招生，大家從家裡拿鍋碗瓢盆支援。」對烹飪有興趣、擁有乙級證照的呂玉美負責安排協調課程，原訂半年的課程，陸陸續續開了一年，當時已經來不及從頭學起，安排肉圓、炸排骨等菜式，讓大家學一道菜就能開業，每天都有現金收入。原本招生額滿，還有一些長輩想報名，「我心想，這些長輩學了應該也不會去創業，但後來輾轉聽到，長輩們在課程中有收穫之外，情緒也獲得紓解。」呂玉美說，災後的家園重建不是一般人能徒手完成的，需要排隊等阿兵哥動用重型機械，一等就是大半年，在家看著無力整理的環境，讓很多人更加憂鬱無助。

災後兩年，二〇〇一年六月三日，在石岡鄉公所的協助下申請當時勞委會的「永

小舖內的陳列

續就業希望工程方案」，計畫挹注人事費用，「石岡傳統美食小舖」於此正式開幕。「我們是莫名其妙被成立合作社的！永續就業工程只補助九個月的人事費，剛開始有公所和社區的捧場支持，再過一陣子，可能連房租都繳不出來。」呂玉美笑說，當時聽說台中縣社會局科員王朝進要幫我們成立合作社，我還以為是騙人的，還跑去問當時的社會科科長高文生。在當時社會局局長許傳盛和副局長王秀燕的幫忙下，申請到高雄市政府捐助的補助款，合作社有自己的物流車。同年九月，「有限責任台中縣九二一重建區石岡傳統美食生產合作社」成立。二〇〇三年「台中縣石岡鄉傳統美食文化推廣協會」成立，以「協會」名義申請當時勞委會的「多元就業開發方案」。隨著政府的補助案陸續結束，部分社員也因家庭、個人等因素陸續離開，採訪當時，石岡傳統美食小舖維持六位全職社員、四位假日兼職社員。

合作社讓我們並肩同行

成立之初，社員以「開店資金」籌募股金。後來，全體社員決議，協會和合作社皆屬「集體共有」，不屬於任何個人，最初繳交的股金皆已返回社員。「林小姐是我們的經理！我不是老闆娘，我在這裡工作啦！」採訪過程中，呂玉美接了幾通電話，其中一通她這樣回。「我們也是慢慢參加合作社相關的會議，才了解什麼是合作社。」呂玉美說，有的社員用腦力、有個社員用體力。合作社精神是大家都一樣，投票表決

翻拍社員團體照

一人一票，，薪水領得一樣，休假也一樣。「一開始，大家講好，扣掉管銷成本，剩下的錢大家平分。」呂玉美接著說，當營收達到一定程度後，社員每個月領兩萬元的固定薪水，盈餘留下來當作公益金。「我們社員的年紀都差不多，孩子的年紀也差不多，以前每到繳學費時，難免看到一些夥伴憂愁滿面……」呂玉美說，二〇〇二到二〇〇五年間的結餘，用於獎助學金，以及作為石岡國小、石岡國中清寒生的營養午餐、第八節課輔費用，後來因有企業直接認養才停止。

石岡傳統美食小舖擁有「合作社」和「協會」兩種身分。二〇〇二到二〇〇三年，受石岡區公所委託承辦老人送餐業務，二〇〇五年再接受委託承辦關懷據點業務。受過社區規劃師訓練、參與社區服務工作多年的呂玉美觀察，鄉村的青壯人口外移嚴重，老人照顧議題很重要。目前「台中縣石岡鄉傳統美食文化推廣協會」仍繼續承接居家關懷業務，「現在是合作社賺錢，給協會做公益啦！」呂玉美說起，某次一位老人家騎電動車到東勢，忘了回家的路，警察帶著他沿路問人，路人建議去問石岡媽媽，最後石岡媽媽把老人家平安送回家。

呂玉美與拼布作品

餐廳一角擺著一台縫紉機，另一處放著呂玉美的拼布作品。這群過了耳順之年的石岡媽媽利用現有的空間及設備，逐步轉型教學。「我們打從心底感恩，九二一後有這些工作機會。合作社讓我們團結，又不用像自己當老闆擔所有風險。」呂玉美的眼底心裡透著台灣婦女獨有的堅韌和樂天。而合作七大原則從「社員的民主管理」、「社員的經濟參與」、「自治與自立」到「關懷地區社會」，則扎扎實實地踩在石岡媽媽向前走的每一步中。

Chapter 8

專業代工
一個到一萬個包的訂單
我們都能接！

社名

有限責任高雄市杉林大愛縫紉生產合作社

業務內容

各式布品大量少量代工及客製化、自有設計產品

採訪時間

二〇一九年一月

吳峰智

二〇一八年，麥當勞與印花樂聯名推出「大麥克」和「薯條」主題購物袋，大獲好評。這批手作袋子，全是出自「杉林布包—大愛縫紉手作坊」的社員媽媽們之手。

二〇一九年八月，莫拉克風災將屆滿十年。二〇一一年經由慈濟基金會的協助，募得二十台縫紉機、培訓十多位社區媽媽車縫技術後，六月二十七日，「有限責任高雄市杉林大愛縫紉生產合作社」（以下簡稱「杉林布包」）於是成立，隔年完成立案。合作社草創初期，接過各式代工，從軍用品到市場常見的包袋。二〇一二年起，申請勞動部勞動力發展署培力就業計畫，依賴政府補助走過八個年頭，二〇一七年建立「杉林布包」品牌。

二〇一八年初，杉林布包接到一筆大訂單，一個月的工期需製作環保袋、紅包袋、飲料杯套、餐具套等共五千多個成品。「你能想像，大多已年過半百的媽媽們，趕工趕到幾乎每天一起看日出嗎？」時任專案經理的谷瑞婷回想，時間太趕，為了準時交件，不停地增加人手，社員的小孩都來幫忙，全員發揮最高戰力，氣力盡出，直到送件當天清晨五點才完工。「雖然那一次賺到的錢全給了當時投入的人力，從社員到社區居民，臨時增加十多個人手。」對杉林布包而言，這是一個不可多得的珍貴經驗，讓社員們突破極限，知道自己有多大的能耐。

歷經了第一次鋼鐵般的磨練，接下來是兩張近一萬兩千個飲料杯套的訂單，再來就是麥當勞和印花樂合作那張一萬多個提袋的訂單，一連串沒有停過的訂單，全體社員都輕鬆上場，笑臉應戰，二〇一八年，杉林布包創造超過三百萬元的營業額佳績。谷瑞婷說，那陣子實在太忙了，我們也發包給附近成衣代工廠，才讓每一單都順利完成，也讓原本要歇業的工廠有了新訂單。

不靠政府靠自己

二〇一九年起，杉林布包決定給自己一個全新的挑戰。「看到太多政府補助停止就做不下去的失敗案例。我們要靠自己，自給自足！」二〇一七年加入團隊的谷瑞婷認為，政府補助的目的是扶植，而非長久資助。歷經一整年不斷開會討論、磨合重整，全體社員達成「技術型人員薪資不再接受政府補助」的共識，社員也都了解必須經歷一段陣痛期。

「能否接到訂單是組織是否能擴展的基礎。沒有出去跑業務的專管，光是生產端有充足人力也沒用。」谷瑞婷說，過去超過九成的經費靠政府挹注，今年僅申請行政管理的人事費，技術生產人員經全體社員決議調整為按件計酬。杉林布包打破勞動部高屏澎東分署過去的經驗，開啟聘用三位專案管理人員的先例。而過去申請勞動部計

社員工作一景

杉林布包商品

畫時，技術人員的底薪為二萬四千六百四十元。「二〇二〇年開始，先維持讓社員每月領到一萬五千元的水平，我們要更努力往兩萬元拼！」二〇一八年加入團隊的新血、也是在地子弟吳峰智說得篤定。

二〇一九年，杉林布包完成社務重整、股金調整、社籍清查等重要工作，社員從二十一位減少至九位，皆實際參與社務。過去有許多情義相挺，卻沒有實質勞動投入的社員，在社務運作上造成不必要的困擾。繳交股金是參與社務的基本義務，目前社員的共識是提高認股數，將股金從原本的一百元提高至一萬元，章程修改後，未繳交股金者以退社認定。吳峰智談到，期待能把願意承擔的有心人留下來。未來若有新社員欲加入，入社須經由理監事評選，從出席時數、配合度、做工品質等三

谷瑞婷

點評估。

二〇一九年的訂單和訂單之間，谷瑞婷和吳峰智從南到北馬不停蹄穿梭在各大展售會、市集活動中，更遠赴中國福州參加文創活動，透過參與各種活動和同行同業交流，進而建立關係，也因此遇到了失聯很久的老客戶。「杉林布包是一個專業的車縫團隊，我們有長期合作的上下游廠商，從布料、印刷、貼合等各個環節，提供一條龍的服務。」吳峰智信心滿滿地說，從一個到一萬個包的訂單，我們都能接！設計師最常面對的困難是，找不到願意長期配合的代工廠。負責設計師業務的吳峰智說，別人不願意接的少量，我們願意！目前杉林布包除了與一般企業合作外，也與設計師建立長期合作。近年，與台灣寢具品牌維持穩定合作關係。

有感於經常收到「是否開班教學」的詢問，加上距離高雄市區路途遙遠等因素，杉林布包計畫承攬社區空間，作為職訓中心之用。谷瑞婷談到，許多社區婦女想學簡單的車縫技術貼補家用，鄰近鄉鎮缺乏培訓的環境和課程，承攬職訓業務，一方面替合作社開源，另一方面也可培養資深社員的能力，從單向的製作生產，提升至雙向技術教學，即使未來退休了，也能退而不休。

在一針一線中，這群社區媽媽走過風災巨變，走向自立自主的合作社社員，杉林布包的故事成了產品的一部分，更讓品牌名中的「Sunny」灑向各地，同時扎根杉林。

Chapter
9

照顧勞動合作社的推手
倪榮春

社名

屏東縣第一照顧服務勞動合作社

業務內容

日間居家照顧、居家喘息服務等服務

採訪時間

二〇一八年四月

合作社內一景

二〇一八年四月，台灣六十五歲以上的老年人口已突破十四%，正式進入「高齡社會」，預計二〇二五年邁入超高齡社會。二〇一七年三月，內政部公布台灣老化指數指標首次破百，意指六十五歲以上老年人口高於〇歲至十四歲的幼年人口；同年，「長期照顧十年計畫二・〇」正式上路，以建構社區化、普及化、平價化的長照體系，讓長者在熟悉的社區在地安養、在地老化。

溫暖的南國四月天，車子滑下

台八十八線，沿途可見綠亮亮的玉米田、微彎的稻穗和滿街的紅豆餅招牌。「屏東縣第一照顧服務勞動合作社」的紫色招牌醒目地掛在老街區。拉開鐵門，時任經理的倪榮春笑盈盈地起身相迎。

二〇〇八年，時任屏東縣社會處處長的倪榮春，因家庭因素申請提早退休。同年七月，他當選「屏東縣慈善團體聯合會」理事長，豈料八月八日發生莫拉克風災，萬丹鄉受災嚴重，倪榮春投入救災行列。三個月的緊急救援期結束後，內政部委託「屏東縣慈善團體聯合會」負責萬丹鄉災後生活重建服務中心。當時工作團隊挨家挨戶拜訪災民進行生活需求調查，得到的結果是：「給我一份工作就好！」

倪榮春

萬丹鄉是一個尋常的農業鄉，有什麼就業機會呢？工作團隊苦思許久發現，高齡化越來越嚴重，來做老人居家服務吧！當時萬丹鄉人口約五萬三千多人，超過百分之十六的高齡人口，佔了近五分之一。二〇一一年八月，在萬丹鄉災後生活重建服務中心的輔導下，「屏東縣第一照顧勞動合作社」成立，承接屏東縣長期照顧管理中心業務，服務範圍涵蓋屏東市、萬丹鄉、長治鄉、麟洛鄉等區域，主要業務包括居家照顧服務、居家喘息、社區日間照顧服務。

談到為何選擇以「勞動合作社」作為經營模式，「不管護理之家、醫院、協會，還是基金會，都存在雇聘關係，難免發生剝削情況。」倪榮春引用聖經說，「工人應得工錢」，勞動社裡的每個人賺的都是一份薪水，結餘再分配回給社員，社員的薪水高，在同業間就有競爭力。「當政府規定，居服員的時薪不得低於一百七十元時，每一個單位都發一百七十元，為什麼沒有一家高於規定？為什麼居服員的時薪始終無法提高？」倪榮春說，今年成立第七年，第一照顧勞動社的居服員時薪從一百七十元逐年增加至一百八十八元。「我們的時薪是全國最高；福利是全國最好；自主管理，社員都是老闆！」倪榮春笑咪咪地說，越投入越愛「合作社」這個理念，這個制度和想法怎麼這麼好！

合作社是大家的！

「剛成立時，這裡空空如也，現在堆得滿滿的。」倪榮春環顧了一樓小會議室說，剛成立時，每月的團體督導會議，居服員不會超過兩位數，用這間會議室就夠了，現在動輒八十個人一起開會，要去借用社區活動中心才夠。目前第一照顧勞動社社員七十五位、職員七位（由合作社聘僱）。回首過往七年，倪榮春直呼不容易啊！籌組合作社最花心力的是，讓一群對合作社沒有概念的人理解合作社。「一開始帶著『呷頭路』的心態進來，什麼事都是經理決定就好。大家都以為我是老闆。」隨著日積月累的社員教育，倪榮春發覺，社員的自主意識逐漸形成，現在社員都勇於表達想法和意見。每個月最後一個週六是團體督導日，也是居服員繳回案家自付額的時間，通常接著召開社員例會，討論與社員切身權益相關的問題，比如是否增加開案獎金？倪榮春說，開案獎金原訂五百元，結餘款增加，經社員大會決定確認提高到一千元。

另一個例子是鄰近科技大學陸續開辦「照顧服務員單一級技能檢定」考證班，動輒七千元的收費，讓居服員吃不消。居服員在群組內你一言我一語地討論「我們可不可以自辦課程？」「沒有師資怎麼辦？」「沒有道具、沒有病床、沒有安妮怎麼辦？」集思廣益後，邀請通過考試的資深居服員當小老師，再去衛生局、醫院、消防局借設備，甚至把會議桌併起來當病床練習。第一年，多數人不相信這樣能考過，還是花錢去外面上課，只有兩位抱著試試看來上課的學員都通過考試，也讓小老師們信心大增，第二年、第三年的錄取率都超過九成五。

此外，新進人員需參加入社說明會，通常安排在確認錄用完成實習的第二天下午，「我們不是人力派遣公司，我們是勞動合作社。」倪榮春強調，這是入社說明會要傳達的重點，大家共同承擔責任，就是合作原則落實「民主管理」、「自主自立」的過程。

第一照顧勞動社章程規定，股金每股一百元，最低十股股金，換算入股金為一千

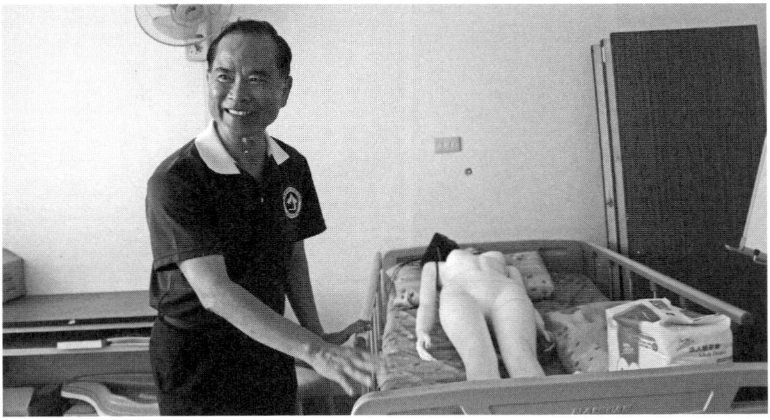

合作社自辦居服員訓練課程

元。股息採年息一分（十%），也就是股金一千元年股息一百元。剛成立時，倪榮春問大家：「為什麼不拿多一點錢出來認股？」大家對合作社的信任還不夠。隨著每年社員大會召開時，提供的股息分配清冊供社員了解，「股金五萬元（股息五千元）和股金一千元（股息一百元），股息差很多。」倪榮春說，時間一久，社員發現經理沒有騙人，開始陸續增資。甚至，二〇一六年初發生衛福部支付長照費用不及，到了發薪水的時間，總金額還有一百二十萬元的缺口，居服員們二話不說立刻幫忙，薪水也順利發放。

離開辦公室時，已過午餐時間，大黃狗趴在路口曬太陽，阿公阿嬤坐在家門口納涼。二〇一一年，災後生活重建服務中心揭牌成立那天，「三年過後，專業團隊會離開，讓在地的老弱婦孺能得到良好的社區互助照顧，大家互助工作才能永續，發展社區產業，大家有錢賺。」倪榮春的話言猶在耳，而「在地人照顧在地人」不只是口號，屏東第一照顧勞動合作社真的做到了！

後記：近年來，倪榮春於全台各地協助夥伴，籌組照顧勞動合作社，多達數十家。二〇二〇年十二月二十九日，倪榮春與十多位原服務於屏東第一勞動社的夥伴，聯手籌設「屏東縣愛三倍照顧勞動合作社」。二〇二二年二月二十日，為健全照顧勞動合作社的產業環境，分布全台共二十四家照顧勞動合作社發起成立「臺灣合作社照顧聯盟（簡稱「合照盟」）」，推選出倪榮春擔任首屆理事長，二〇二三年，合照盟出版工具書《照顧勞動合作社入門》，仔細說明從如何籌組到政府的長照業務等各項細節。

Chapter

10

吾拉魯滋部落咖啡
嚐盡合作社的侷限與受限

社名

有限責任屏東縣原住民泰武咖啡生產合作社

業務內容

咖啡生豆、禮盒、加工品等銷售；

農產品包裝行銷、展售會活動規劃；族群傳統文化創意產品買賣等服務

採訪時間

二〇一九年四月

位於大武山腳下的吾拉魯滋部落咖啡屋

一杯來自屏東泰武的咖啡如何飄香全台？如何在十年內，從零星種植到每年超過一萬噸的收購量，還接下夏威夷、新加坡、香港的訂單？循著沿山公路到位在屏東縣萬巒鄉的吾拉魯滋部落找答案。

看見以百步蛇、陶壺和太陽等三樣排灣族信物圍繞而成的遷村紀念碑，吾拉魯滋部落就到了。

「最近正在幫高雄科工館策展，看以前的照片，當時的記憶都跑回來了。」華偉傑回想莫拉克風災前半年，剛從英國學成回台，已在台中朝陽科技大學謀得教職，被時任社區發展協會理事長的姑丈顏和找回部落幫忙賣咖啡。「大家都以為我只是玩一玩，最後還是會回去教書。」為了讓族人覺得「我是玩真的！」，華偉傑成立了取自「茂盛繁昌泰武鄉」為意的茂泰行銷公司，打算半教書半賣咖啡的計畫。豈料，莫拉克颱風來襲，泰武村經歷第四次遷村，從原本在大武山登山口的位置，南遷至萬巒鄉台糖新赤農場的永久屋基地，定名為「吾拉魯滋」。華偉傑的人生也轉了個大彎，離開教職，全心投入咖啡產業重頭學起。

「永久屋基地和過去的生活環境完全不同，如何讓村民安居樂業是首要任務。」二〇〇三年雲林古坑咖啡異軍突起，讓泰武村民發現，我們這裡滿山遍野都是日治時期留下來的咖啡樹。當政府、社福團體與企業協助援建問：「你們需要什麼產業？」一陣討論後，確定以咖啡為主要產業。當時政府多是救急的心態，對產業發展持保留態度。「部落長輩們有遠見。」在輔導機關建議下，定位為原住民生產合作社。二〇一一年，屏東縣原住民泰武咖啡生產合作社展開籌備工作，二〇一三年一月完成立案，華偉傑接下合作社經理一職。

十年的耕耘，泰武咖啡已成台灣精品咖啡的代名詞，不論在國內或海外等各項競賽，獲獎頻頻，曾榮獲「屏東十大精選伴手禮」、「國宴咖啡」肯定，更於全國型競賽中，獲得二〇一六年、二〇一八年台灣國產精品咖啡豆評鑑金質獎、銀質獎，二〇二三年獲得「屏東咖啡節台灣南區精品咖啡豆評鑑」一般組特等獎的殊榮。在國際賽事中，二〇一六年於國際專業咖啡評鑑雜誌《Coffee Review》取得九十三分高分，得到「亞太地區前三名年度最具代表性咖啡」的肯定。

合作社的偶然與實然

「選擇成立合作社，應該是我們和其他部落最大的不同。」華偉傑認為，合作社發揮了接收資源、整合生產者、統一製程等功能，二〇一三年，以合作社標下「吾拉魯滋部落咖啡產銷中心」的經營權。回顧災後至今，屏東地區由政府協助興建的四座產業館，「吾拉魯滋部落咖啡產銷中心」是目前唯一穩定營運的產業館，其他部落因缺少明確執行方向總總因素，後續發展不佳，無以為繼。

有感於原民學生多選讀農、工、護理、教育等科系，合作社透過公益金作為獎學金，鼓勵部落大學生選讀管理、工程、文創觀光等學門，彌補部落缺乏的人才，回到部落協助合作社永續經營。國中小學生部分則以品性操守作為獎學金的評比要項，華偉傑談到，讓孩子了解合作社的存在不只是為了部落的產業，也為了教育，和族人的生活息息相關。

如今，泰武留住人才有成，越來越多大學生畢業後選擇回部落，進入合作社工作。

二〇一三年起，合作社申請勞動部培力計畫營運產業館，現有三位專案管理人員與十一位進用人員，服務項目從原本的田間管理、產業館營運外，增加了電商、觀光工廠與導覽。合作社業務穩定，即使未來補助終止，合作社的營收仍可支付所有人事開銷。

合作社的受限與侷限

屏東是台灣的最大咖啡產地，種植面積超過三百公頃，合作社成立至今，契作、租用、社員自有的咖啡園總面積逾百公頃，年產量近四十公噸。咖啡品種以「鐵比卡」（Typica）為主要栽種品種，種植範圍分布在海拔五百公尺到一千兩百公尺的林蔭間，咖啡產季約從每年九月到隔年三月，咖啡豆依序成熟，農友每週上山採收。

細數泰武咖啡的事業型態轉變，「發展過程中發現，咖啡豆的果皮、果核、葉子等『廢棄物』可以成為延伸產品，也是循環經濟的實踐。」華偉傑成立生技公司接下後端處理。「先成立行銷公司，同時創立品牌『卡佛魯岸』銷售泰武咖啡，接著是合作社籌設，之後再成立生技公司。」華偉傑說，合作社是一個農企業，咖啡農和咖啡種植也是事業體的根本。談及生技公司的設立，他無奈地說，當時要申請原民會獎勵創新研發的補助，「合作社」卻資格不符，因主管機關認為合作社是原民就業單位，改用「生技公司」提出申請。此外，以合作社參加外貿協會計畫時也碰壁，改用公司申請，二〇一四年，茂泰公司獲得OTOP十大優質企業，同時也取得出國參展的門票。他談到，在事業經營上，合作社和公司兩種形式各有各的優勢和用途，互利互補，也讓泰武咖啡從生產、製造到銷售能合作無間，串起整條產業鏈。

「合作社組織大，決策速度也相對慢。」華偉傑談到，合作社存在的價值「保障價格」，但對市場價格的反應慢，盤商價格高於合作社的收購價時，社員就把豆子交給盤商，但市場價格降低時，合作社依然須照合約價格收購社員的豆子。滿足社員的共同需求是合作社的成立精神，當社員不將自己視為與合作社的共同體時，也是合作社出現危機的時候。

「合作社和一般公司不一樣，有好處，也有麻煩之處。」華偉傑深知，不論股金多寡，一人一票是合作社的根本精神。但實際運作後容易出現與公司股東會的「職業股東」相似的「職業社員」，使得社務運作上出現遲滯。低薪是年輕人共同面臨的窘境，部落要和軍公教搶人。華偉傑語帶保留談到，以社內的決策節奏，大大不利於新創事業的發展，以企業經營的角度來看，設備更新、教育訓練、薪資調整等費用更是遠遠不足。

回到屏東市區，那棟位在屏東藝文特區內，橙白相襯、以「卡佛魯岸」品牌為名的咖啡館，嘗試換著角度想，之於泰武咖啡生產合作社目前的發展，也許如同電影《蝙蝠俠》的經典台詞：「我的外表底下是誰並不重要，我的所作所為才是關鍵。」在合作社和公司兩種截然不同的事業體的分工互補下，將泰武咖啡農辛苦栽種採收烘焙的咖啡豆銷售出去，讓部落人才留下來，是最根本且重要的事。

泰武咖啡生產合作社咖啡烘焙師林凱琳（右下圖）導覽加工廠區以及杯測實驗室時談到，這裡的設備與一線大廠同等級，從乾濕處理、精密量測、篩選、包裝等設備，一應俱全，也在南台灣擔起技術輔導、後製、競標交易等重要功能。為了確保生豆品質與價格，廠房也已完成 HACCP、ISO22000 等相關認證。

第 3 篇

社員「共同需求」即業務所在

這一章節的重點其實寫明在標題，社員共同需求即是業務，不論是一群醫師需要處理醫療廢棄物的設備；還是一群漁民為環境抗爭，為了儲備「銀彈」而為漁獲建立銷售平台；或是一群住民為了穩定且乾淨的水源；甚或是一群新住民需要一份溫飽的工作。「共同需求」是每個合作社得以穩定運作的要素之一，不分類別。「共同需求」是這群人為了什麼而聚、而成、而立，「這個需求」是工作業務，也是對未來期待，更是每個合作社的存在根本。

Chapter
11

姊妹幫姊妹
合作連四方

社名

有限責任高雄芥菜種會新住民清潔服務勞動合作社

業務內容

清潔打掃等

採訪時間

二〇二一年十月

黃清玄（左）為第一屆理事主席，游婷婷（右）為第一屆監事主席

「好像一粒芥菜種，種在地裡的時候，雖比地上的百種都小……，又長出大枝來，甚至天上的飛鳥，可以宿在他的蔭下。」源自聖經，是芥菜種會的命名由來。二〇一九年七月二十八日，在芥菜種會的支持下，有限責任高雄芥菜種會新住民清潔服務勞動合作社（以下簡稱「清潔社」）舉辦成立大會，九月完成立案；走過整備、遭逢疫情，成社的第三年以自立為目標。

如社名，「芥菜種會」是背後的推手。芥菜種會南區服務中心主任，同時身兼清潔社監事主席游婷婷話說從頭。二〇一七年，芥菜種會執行長吳小萍，聽了自屏東

對外推廣活動

縣社會處處長退休後投身合作事業推動的倪榮春分享，深感合作社是發展社區經濟時，相當適切的介入點，因此抱著「分享好東西」的心情投入當中。

　　而後，吳小萍邀集同事組織讀書會，游婷婷是其中一員，「那時，大家對合作社不了解，從書中的案例開始認識合作社七大原則，合作社能做什麼，也在讀書會的討論中釐清。」游婷婷談到，在書裡看到合作社有不同的可能，沒有特定的形式，發展多元，最重要的是要想清楚要做什麼，和工作的對象。「也許是機構的特質吧！書讀完，老大說，那我們來成立合作社吧！」游婷婷和花蓮夥伴吳雅琴想想，應該也沒那麼不可能！既然被賦予任務，就試試看！吳雅琴主責老人照護服務，包括關懷據點、長青大學等，由於對長照體系熟悉，便朝往照顧服務發展。二〇二〇年，花蓮縣芥菜種會社區服務勞動合作社成立。

確認共同需求是成社關鍵

「以前我們很少和公部門合作，當時機構正在評估可能性。」二〇一八年，芥菜種會正式承辦「高雄市新住民家庭服務中心」。根據內政部移民署的統計，二〇一九年，全台灣新住民的人口數超過六十五萬，成為第二大族群。六都中，高雄的新移民人數僅次於新北市，居全國第二，約六萬人，並設有五個新住民服務中心。「我們承辦的服務中心在新興區，服務對象約兩萬人。」游婷婷說，新住民多住在都會區，高雄市以三民區和鳳山區的人數最多。

「對姊妹來說，新移民服務中心是提供服務的單位，提供生活諮詢，舉凡銀行開戶、辦手機、考駕照、學語言等。」游婷婷談到，日常事務通常由姊妹的家人協助，難以處理的通常會打電話諮詢。新移民服務中心也開辦家庭、親子、夫妻相處等相關課程；也為姊妹安排課程培訓多元文化推廣的技能，此外，當姊妹遇到家庭關係困難時，由社工介入個案協助輔導。

游婷婷到芥菜種會服務前，曾執行近十年的新住民業務。發想過程，便自然朝新住民服務發展。「清潔服務不是最先想到的業務，最開始想促成來自不同國家的姊妹協助通譯工作，或進入社區分享多元文化、特色料理。」一來想發揮新住民姊妹的語言、多元文化優勢，二來希望能與市場有所區隔。「一旦服務商品化，就要講求專業度。」一回顧決定轉向的考量，當時顧慮姊妹對通譯的專業尚不夠完備，現行的通譯以服務性質為主，受過基本訓練，對雙邊語言達七、八成理解，及溝通程度；一旦收費，需建置評鑑考核機制，當時的能量都不太足夠。

幾次深度討論後，轉往「如何創造就業機會」方向，「什麼樣的工作機會對姊妹而言較容易入門呢？」游婷婷詢問從事居家清潔工作的姊妹，獲得這份工作時間彈性，

來自越南的阮式秋姮是第一批加入的社員

能配合家庭活動、生活愉快、收入穩定的回饋。讓她把合作社業務轉向清潔服務來思考。「先找有清潔工作經驗的姊妹加入，接著確認是否有意願一起接案，再陪伴帶領有工作需求的姊妹，草創初期約有三分之二的姊妹接觸過清潔工作。」對清潔行業不熟悉的游婷婷認為，必須要有經驗的姊妹撐起業務，帶領新人，事業才能做成。來台超過二十年的越南新住民、清潔社理事主席黃清玄從事清潔工作十年，她是新住民服務中心的志工，是第一批加入清潔社的社員。「加入合作社很好啊！姊妹能互相幫忙，大家也能趁空聚一聚。」她說，都是異鄉人，有能力的姊妹很願意互相幫忙。

經過幾年的運作，「姊妹不一定會一直待在合作社，清潔工作也不見得是每個姊妹未來的職涯方向，但合作社能成為姊妹在生命過渡期的其中一份經濟來源。」游婷婷談到，合作社像一個平台，陪伴姊妹發展興趣，或累績成專業，度過一些急需收入的時間。

慢慢走，比較穩

「創社時第一年有十二位社員，慢慢增加到二十四位。」黃清玄說，都是透過社員介紹加入。每個月教育訓練課程時，社員常帶朋友旁聽，「在課程時間外，安排入社介紹，再經由理事主席面談。」游婷婷說，入社申請表上需要填寫推薦人，再送到理監事確認是否通過。「目前沒有試用期的設計，未來會加入，除了面談外，會再評估技術能力。」一路陪著合作社走到現在，游婷婷說，第一年是嘗試年，摸索合作社經營的規範調整，從如何接案、派案，處理非例行事件，慢慢學習；第二年年初，遇到過年，社員和案量皆增加，隨後又遇到近半年的疫情。根據游婷婷的觀察，會議時，姊妹們開始輪流拿麥克風說話、分享。她也和黃清玄討論，未來要加強更明確的分工，社員也需要加入分工，讓社員分組，組長陪伴組員，非理監事社員也參與社務運作。

此外，呈現真實的營運成本以及讓合作社穩定發展，也是未來的工作重點，「合作社的行政工作，面談、派案、看場，都由理事分擔，不領車馬費，也沒有計入相應費用。」游婷婷也擔心，成本沒有被反映，姊妹會有合作社用不到錢的錯覺，但執行社務的人力都是成本。目前清潔社的接案方式分為固定案和單次案，繳回合作社的管理成本也依兩類有比例差異。她說明，合作社的主要收入來自於社員勞務收入之後所收取的管理成本，每年的結餘分配則依社員的勞務貢獻比例計算，落實貢獻越多、結餘分配越多的概念。

清潔社社員從創社時期的十二位，二〇二三年十一月的社員數為二十九位，其中不同母國的社員人數略有消長，十七位來自中國、六位來自越南，以及六位台灣籍姊妹，年齡分布從二十多歲到六十多歲。每兩個月的聚會是姐妹能無話不談的時光，除了安排課程外，也是姊妹在工作之餘互吐苦水分享趣事的時間，每人帶一道家鄉味，話題從孩子聊到老公，順便連一起工作的搭檔也「喬」好了。

創立至今，在芥菜種會的期待下，清潔社也與社福中心合作，協助打掃獨居老人和弱勢家庭的住家，同時也進行清潔教學，讓社員除了清潔工作之外，也能獲得助人的成就感，繼續維持工作的熱情，並且了解合作社互助的真意。

芥菜種會將合作經濟作為培力方向，協助新住民婦女籌組勞動合作社，實為勇敢且創新的實踐；也讓曾是「天茫茫，地茫茫／無親無戚靠台郎」的低吟，轉身成「合作班，連四方／日久他鄉是故鄉」的齊唱。

Chapter 12

漁民權益是第一優先

社名

有限責任台南市第一漁權會漁業生產合作社

業務內容

生產｜辦理農業、漁業等相關產品之生產及加工製造

供銷｜辦理國內、外農業、漁業等相關產品銷售業務

供給｜辦理農業、漁業等相關物資之供應

運銷｜辦理農業、漁業等相關產品之共同運銷

採訪時間

二〇一九年六月

王惠生

漁權會合作社距離將軍溪不到一百公尺，「現在有乾淨的將軍溪，漁權會一定要記上一筆功勞。」理事主席王惠生站在橋邊望向出海口說。

回憶像空拍機那般慢慢升空拉遠。七股潟湖，位在七股溪和將軍溪之間，當地人稱「內海仔」，面積廣達一千六百公頃，是陸上魚塭和海洋的緩衝水域，也是台南沿海海水養殖的起點，北門、將軍、佳里等地區陸續跟進，魚塭面積數千甲，阡陌縱橫、耕水為田。到了一九七〇、八〇年代，沿海地區草蝦養殖非常興盛，讓台南沿海漁村的經濟更加繁榮。

隨著台灣的經濟發展，「將軍溪上游受到工業、養豬廢水的污染，以致下游文蛤出現大量暴斃，漁獲量急速下降，整條將軍溪變成又黑又臭的『黑龍江』。」王惠生回憶，當時的污染情況嚴重到下游幾乎無法養殖，不斷向當時的台南縣政府環保局陳情，卻始終沒有獲得重視，漁民忍不可忍自組抗爭行動，向上游的工業、畜牧業者抗爭。一九八四年四月二十六日，漁民開始集結，五月二十六日，在台南縣政府發起「為公權力送終」示威遊行。挾著強大的組織能量，同年十一月，「台南縣漁民權益促進會」正式成立。

「向政府爭取漁民應有的權益和權利，是漁權會的重要任務。最根本的期盼是，為了下游能維持良好的養殖環境，讓生產生態都能永續。」翻開二〇〇一年漁權會出版《三生緣——漁耕十二冬》頁末的大事記，一九八九年十二月，拜會農委會，爭取漁民受污染創業貸款事宜；一九九〇年三月，展開嘉南三縣市各區關於「海埔地產權取得」說明會；八月，拜會農委會、國有財產局，要求公有養地因污染及天災受害減免租金事宜；之後，由台南縣漁權會，召集台南市、嘉義、高雄、台東等地區的漁權會組織「全台漁權會聯合工作小組」，串聯漁民力量與漁權運動。創會三十年來，從「河川污染」、「養地租金減免」、「公有養地產權糾紛處理」、「設立水產加工廠」等議題，漁權會打頭陣，無役不與。

全台唯一設有「合作社」的漁權會

有感於抗爭行動多因特定議題而聚集組織，最後不論成功與否，少有永續生存的抗爭型團體。「剛開始，依照漁民的養殖面積籌募抗爭基金，但我們對抗的是政府、企業，光靠向會員收錢，時間久了資源終究會用完。」一九九〇年底，漁權會展開籌組合作社的討論，一九九一年八月，「臺南縣漁權會生產合作社」完成立案（台南縣市合併後更名為「臺南市第一漁權會生產合作社」）。王惠生說，漁權會會員係由當時抗爭基金出資，為每位會員認合作社基本股（十至三十股不等，依抗爭行動而定，

1996 年，郭雅郁到漁權會服務至今，工作內容從會計、進出貨、銷售到漁民溝通，皆參與其中。

認股多寡不一），與熱心幹部共同出資成立合作社，就像主婦聯盟合作社社員從共同購買行動中成立合作社，都希望環境永續。「當時的抗爭團體都被行政院長郝柏村『點名做記號』，漁權會和主婦聯盟基金會都在『黑名單』上。」王惠生笑說，漁權會和主婦聯盟一拍即合，合作超過二十五年，從最開始的虱目魚丸到現在的虱目魚鬆。

「漁權會和合作社是一體兩面。」王惠生說，加入合作社必須是漁權會的會員。「漁權會成立時，會員約有六百多位，兩年後合作社成立，當時漁權會的有效會員約五百多位，加入合作社的漁權會會員約四百多位，二〇一九年社員數為二百四十一位。」王惠生談到，人口凋零，下一代沒有承接意願，或離開漁業等都是社員減少的原因。

「合作社剛成立時，大家難免會擔心這個合作社會不會成功？」他回想，當時先邀請漁權會幹部認股，每股一百元，最低股金一千元，最高股金五十萬元，有十幾位社員認股五十萬，立案時的股金八百多萬，近九成都是小額股金。「像我也是主婦聯盟合作社的社員，我沒有想過要在合作社賺到多少股息，能持續買到安全的食物才是最重要的。」王惠生認為，對多數社員而言，放在合作社的股金是小額投資，或說以小額資金支持合作社，最重要的是漁權會能永續經營。

社員代表每三年改選一次，依行政區的社員人數比例，五位社員選出一席代表，社員代表五十一席、理事十五席、監事五席，社員主要分布在原本台南縣的北門、將軍、七股、學甲、佳里等五個鄉鎮，以將軍區社員人數最多，其次是七股。王惠生說，我們借用各區的活動中心舉辦選舉，每區平均開放半天投票時間，全區需花上兩到三天。

為友善環境　首度嘗試契養

「全台灣的漁權會中只有我們有加工廠。」站在加工廠前，王惠生說，右側的工作區製作魚酥，左側工作區製作魚丸，早上打魚漿，下午做魚丸，每天生產兩千斤魚丸。「剛開始社員只會養魚，不懂加工，二十多年來，從無到有，透過客戶的口耳相傳，客源慢慢累積，也是台灣唯一擁有土地和工廠的體制外漁民團體。」王惠生回想，剛開始嘗試做魚丸，不停地試口感，請教農校老師，失敗的魚漿倒在加工廠後面養土虱的池子，土虱都被養得肥肥嫩嫩的。

一九九五年，王惠生首次擔任合作社理事主席，連任一次後，他回到原本工作崗位服務，直到二〇〇三年退休後，再回到合作社，今年已在合作社服務滿十三年。回想起合作社剛成立的前五、六年都在虧損，王惠生加入後逐漸轉虧為盈。「漁權會有賺錢，但我們一直沒有分配結餘，社員決議把結餘投資在設備和環境改善，一直到三年前，三年前，公積金轉負為正。」預估兩、三年後能發股息。「二〇〇〇年左右，

合作社的虱目魚丸生產線符合 HACCP、ISO22000 等認證

政府正在大力推動 HACCP（危害分析重要管制點）、ISO22000（食物安全管理體系）等認證，我們一定要跟上這波潮流。」二〇〇一年，合作社的虱目魚丸生產線便已完成兩項認證，加工廠完成升級。

為了落實環境友善養殖，二〇一六年，合作社導入漁業署水產品生產溯源系統及產銷履歷認證，二〇一七年合作社開始與社員簽訂契養合作，輔導漁民以生態養殖工法飼養虱目魚。專案經理郭雅郁說明，契養的社員需配合合作社要求的養殖管理方式，從飼料、水質到整體養殖環境，未來消費者吃到的產品都能透過 QRcode 追溯生產履歷。「收購價高於市價兩成，不讓漁民吃虧。」郭雅郁談到，合作社協助處理所有的文書行政工作。

「寧可多花一塊錢在消費者身上，也不要為了多賺一塊錢傷害消費者。」王惠生的眼神露著堅定。走過三十個年頭，漁權會始終和漁民走在一起，合作社也與消費者站在一起。

Chapter
13

和水資源一樣
珍貴的信念

社名

澎湖縣馬公市山水里自來水公用合作社

業務內容

轄內自來水公用設施之利用

採訪時間

二〇二一年四月

取水井

澎湖由數十個小島組成，地形平坦，沒有溪流，加上年均降雨量約一千公厘，年蒸發量卻高達一千五百公厘，就算颱風或豪大雨也無法有效將雨水留在地表，缺水一直是澎湖島民難以解決的難題。由於惡劣水文的條件，從官方到民間，窮盡獲取水源的各種方法，從深水井、淺水井、海水淡化、台水澎運的運水船、地面水庫、地下水庫。

未供應自來水的年代，井水是澎湖居民使用民生用水的重要來源。「必有井而後可築屋」是島民開墾定居的

配水塔：過去在澎湖每所學校皆設有配水塔，蓄水用，多為學校自建。張再會說明，過去沒有加壓馬達時，配水塔蓋得高，水量足，水壓才夠，後來都改用馬達抽水，現在大多停用了。

原則。位在馬公老城區的四眼井，建立於西元一五九二年，終年有水，除觀光功能外，至今仍持續使用。

一九二七年，日治期間成立的馬公自來水廠，初期是鑿六口深水井作為主要水源，水源儲放在地下隧道水庫內，再由馬達抽水送至現今澎湖一信總社東北側停車場的貯水塔。全盛時期，深水井多達四千多座，淺水井則有兩千多座。

隨著人口增加、觀光業發展，需水量大幅增長，地下水與地面水不夠滿足用水量。一九九〇年代進入台水澎運階段，解決缺水困境。一九九三年，第一座供應民生用水的海水淡化廠投入供水行列，澎湖也進入海淡水、地面水及地下水多元供水階段。

居民互助取水

山水里自來水公用合作社位在馬公市南端，二〇一〇年成立。

一九六八年成立簡易自來水管理委員會開始鑿井供水，因當時的供水系統需輪供五德、鎖港、鐵線等社區，供水需求量大，以致水井枯竭，再另鑿水井供應。「小時候要去井邊挑水，或直接在井邊洗東西。差不多十幾歲以前都用井水。」理事主席張再會回憶四十多年前的往事。還沒籌組合作社時，在地居民就已鑿井取水，第一口井的因石灰質過高，無法通過環衛主管機關的檢驗，停止使用。

澎湖主要由岩礁組成，常見的深井水深約一百二十公尺，專門鑿井的設備管子直直向下鑽探，「第二口井鑽到一百一十公尺，太硬就打不下去。」合作社目前主要使用三口井，原本有五口，第一口和第二口井都靠近鎖港，和鎖港共用。鎖港管自來水後，就由山水用。

談到二十年前選擇籌組合作社的原因？張再會說，當時需要一個能經營管理水源的社團，村裡長輩四處詢問，了解到「合作社的互助功能」，決定成立合作社。

目前山水合作社常聘兼職與全職員工有五位，經理、技工、會計、收費員與水表查核員。王惠味擔任經理，技工負責確認控制井的用水量，以及水管、水表、馬達等設備維修，沒水時從三號井或四號井打水。收費時，會計填寫水費單，交給收費員到每個家戶收費，查表員則於每月固定時間到家戶記錄用水量。王惠味說，以基本度數計費，依

張再會

深水井

級距累加，用水量越多、收費也多，沒有營業或家用的區分，目前多為家庭用水。

「山水社區目前約有五百戶，每十戶推選兩個人擔任社員代表。再由社員代表選出理監事。」張再會說，必須設籍當地才有社員資格，也才有參選資格，承租戶不行。張再會無奈坦言，其實理事主席沒有人想接，責任大、壓力也大，缺水或水質不好都要承受責難。

過了二十多年，再回頭看當初籌組合作社的決定，「和交由自來水公司管理最大的不同是，山水居民自己管理水源，不是由水公司決定，也不會因為住在水管末端，水壓不足而用水受影響。」張再會談到，山水停水通常是因為馬達故障或洗水塔，不過，地下水抽上來後需要先集中沉澱一段時間，由於現在的用水戶太多，用水量比以前大，沉澱時間縮短，容易發生水質不佳的情況。

由於深水馬達施作修繕工程、蓄水池等設備，所需經費龐大，皆向澎湖縣政府申請經費補助，此外建設處的離島建設基金也提供相關經費，或協助合作社送件至經濟部申請經費。張再會說，未來如果發生營運困難或居民沒有經營共識，交由自來水公司接手管理也是一種方式。但目前居民還沒有這樣的想法。

山水里自來水公用合作社是澎湖縣自辦自來水事業僅存的唯二社區。水龍頭擰開就有水，本不是件容易的事，在澎湖更是來之不易。和水資源一樣珍貴的是，多年前社員們選擇以「合作社」滿足用水需求的決定，儘管不知未來如何，這段過程都值得記下。

Chapter

14

自己的垃圾自己收
全台第一個
環保設備利用合作社

社名

有限責任臺中市環保科技處理設備利用合作社

業務內容

處理事業廢棄物及政府委辦事項等

採訪時間

二〇一八年八月

理事主席彭業聰醫師

「醫療廢棄物」是什麼？泛指從醫院內產生的各種廢棄物，包括訪客的生活垃圾，也包括醫療行為所產生的如針頭、刀片、病理廢棄物，以及手術使用的紗布、棉花等生物醫療廢棄物。根據環保署統計，近五年來，全台近兩萬家醫療院所每年產生的廢棄物平均達十二萬公噸，歸類為「有害事業廢棄物」的生物醫療廢棄物，每年的產生量達三萬公噸。

醫療廢棄物處理這道難解的題，要從一九九四年前後這道分水嶺開始說起。那年六月三十日，環保署、衛生署發布《推動醫療廢棄物處理體系輔導要點》，推動設置醫療廢棄物共同／聯合處理體系。時間再往前推到一九八九年間，「當時衛生署鼓勵醫師公會籌組團體，合作社是建議選項之一，公會找上了省立豐原醫院，綜合型醫院的廢棄物多，也具一定規模，再由衛生署補助焚化爐的興建費用。」理事主席彭業聰回憶當初。當時的省立豐原醫院與台中縣醫師公會有鑑於醫療廢棄物沒有配合的處理廠商，為了讓生物醫療廢棄物有合法去處不污染環境，遂向衛生署申請補助焚化爐建爐經費。同時由當時的台中縣醫師公會以豐原、后里、潭子、神岡、東勢、石岡各鄉鎮市醫療機構為範圍籌組合作社，「有限責任臺中市環保科技處理設備利用合作社」（當時稱「豐原地區醫療廢棄物處理利用合作社」）在一九九三年成立，也成了全台第一家專門處理醫療廢棄物的合作社。

一九九九年七月十四日，《廢棄物清理法》修正公布，明定事業廢棄物自行清除處理、共同清除處理、委託清除處理等方式，納入事業廢棄物清理連帶責任及刑罰規定。環保署統計，截至二〇一八年，全國可處理感染性廢棄物的處理廠，合計二十一座處理設施。「有限責任臺中市環保科技處理設備利用合作社」是衛福部醫療廢棄物

處理醫療廢棄物的高溫高壓滅菌處理設備

共同處理機構之一。隨著人口越來越稠密，加上環保意識抬頭，在周邊居民的抗爭下，原設在豐原醫院的焚化爐在二〇〇一年停爐。彭業聰說，最開始的共同利用的設備就是焚化爐，現在是清運車輛和空間。

「醫療廢棄物的處理演進是時代的進步。廢棄物的分類越來越精細，從過去的垃圾，到現在細分為一般廢棄物、事業廢棄物，有害事業廢棄物等，處理方式也不同且嚴格規定。從診所收了多少公斤也需要簽收記錄，送回到處理廠分類、送去焚化或再處理，再由行政人員並上傳環保署網站登錄。」彭業聰說明，生物醫療廢棄物的處理過程，須由設有冷藏設施且ＧＰＳ定位的廂型車全程載運，送往專門的處理場，目前社內共有五輛清運車。環保署統計，截至二〇一八年，全台計有超過二百八十輛設有ＧＰＳ定位的冷藏箱型車。

自己的焚化爐，自己蓋！

「醫療廢棄物處理是所有醫療院所都會遇到的問題，各醫師公會有共識一起解決而成立了合作社。合作社的成立從不是為了謀利，而是為了服務社員，而服務也是同為社員的醫療院所共享。」彭業聰談到，合作社聘有三位全職人員，所需費用皆由社員均攤，一年結餘約三、四十萬，但經過社員決議，結餘不發還給社員，轉入公積金，為未來不時之需預作準備，比如汽車維護和購地興建焚化爐等。「我們的清運收費幾乎可以說是全國最低，每個月處理量十公斤以內，一年收費不到萬元。」監事主席林天經說，合作社成立到現在，處理費只漲了兩千元，外界說我們擾亂市場行情。

醫療廢棄物的分類

「合作社下一階段的目標是買地蓋自己的焚化爐。」於一九九九年入社的彭業聰和林天經異口同聲。「焚化爐是特許事業，擁有決定價錢的權力，一公斤多少錢業者說了算。」林天經無奈談到，每當和終端焚化爐業者合約到期時就是我們最頭痛的時候，每次約滿面對的都是不可掌握的浮動。上一任理事主席寫了檢舉信、陳情函到各上級單位都未果。醫療廢棄物的清運公司有各自的「疆界」，儘管大台中地區醫師公會、牙醫師公會、中醫師公會、醫檢師公會的醫師皆可入社，林天經委婉地說，我們可以清運全國的醫療廢棄物，但到其他縣市地區收廢棄物，等於搶了人家的生意。

採訪時，合作社約有超過一千三百位社員，遍佈台中的山海屯各區，從東勢到大安，從山邊到沿海。「服務社員是根本，不分距離、不分科別，收費一樣。考慮區域平衡發展，不能從診所數判斷。」彭業聰說，每十五位社員推一個社員代表，有些地區診所少社員自然也少，但仍保留席次，如此才能充分收集意見。

採訪過程中，「服務社員」出現了數次，共同需求是合作社組成的根本，不論是哪一種類型的合作社，而不分你我的「共同擁有共同決策」也是每個合作社運作的根基。

第4篇

尋路
珠三角的另一個視角

Chapter

15

香港

女工同心合作社小賣店
一場二十年的社會實驗

社名

中文大學女工同心合作社

採訪時間

二〇一九年六月

一九六〇年代期間，我在一個深夜抵達香港，下榻於九龍一家樸實旅館……有座工業大樓……每個窗口卻都還透出明亮燈光，而且各自呈現出一幅香港風情畫，但卻跟附近一帶很不同……這個窗口裡可以見到四個女孩全神貫注操作著縫紉機……那個窗口單獨有個脫了西裝只穿著襯衫的男人，正在光禿禿的燈泡下埋首於檔案中。在這眺望過程中還看到八、九戶人家似乎是全擠在一個房間裡……每個房間都燈火輝煌，每個房間都擠滿了人……

——《香港：大英帝國的終章》

列車緩緩向東前行，進入九龍灣、牛頭角、觀塘一帶，地景變得相似。車廂平穩前行，緩緩駛回了舊時香港……。

香港的大型工業區早在一九五十年代成型；一九六十年代的「東方之珠」穩坐東亞地區輕工業製品的出口中心的地位。為了解決當時因土地不足和人口激增的問題，九龍半島東側的觀塘區規劃為香港的第一個衛星城市及工業區。一九七〇年代，香港的主力產業是代工製造，製造業的產值佔生產總值三成，紡織業達到高峰，大量女性勞工投入低工資、勞力密集的電子、製衣產業，製衣廠聘用的工人佔整體製造業的四成，「香港製造」提升至國際能見度。無奈榮景不常，一九七〇年代末期，受到中國政府提出「四個現代化」口號的影響；一九八〇年代初，珠江三角洲開發經濟特區吸引外資設廠、中小型企業北遷，生產線北移，香港製造業逐漸萎縮，也意味著大量的香港本地勞動力被迫失業。據統計，一九八一至一九八六年，短短五年超過十萬名工人被迫離開製造業，作為香港製造業勞動力中流砥柱的女工首當其衝，尤以紡織業最甚。一九八九年，以基層婦女為服務對象的香港婦女勞工協會（以下簡稱「女工協會」）於是誕生。

一九九七年，強襲亞洲的金融風暴讓當時的香港受到嚴重波及，企業破產、銀行倒閉、股市崩潰、房市地下跌、匯率貶值、失業率飆升，市民生活水平連年下滑，連服務業都陷入困境。面對日趨惡化的失業問題，港府束手無策。勞工團體屢次針對政府提出改善要求，不見效果。根據香港政府統計處的紀錄，一九九九年香港失業率達

女工協會辦公室一景

六・〇％，超過三成的失業者為五十歲以上，且過去從事建造業。

一九九六年開始，強調「互助精神」的合作經濟，意外成了勞工、社福團體的另一條工作路線，在天主教勞工中心、勞資關係協進會、公教職工青年會（工青會）、基層權益互助社、香港婦女勞工協會，興起香港第一波「合作經濟」運動。後續，仁愛堂社區中心、聖雅各福群會、香港婦女勞工協會、明愛荃灣社區中心、香港婦女中心協會與香港小童群益會等基層組織，紛紛以社會企業理念、社區經濟，培訓女性創業為目標投入這波浪潮。

工廠是消磨最寶貴勞動力和青春的地方。
廚房是操作一家子飲食和開始家務勞動的場所。
垃圾房的工作不受關注，卻是婦女微薄的收入來源。
三個場景試圖突出女工既是勞工也是婦女的身份。

——《工廠・廚房・垃圾房・香港女工十五年》

一個產業成就了許多企業與支撐無數家庭的生計，隨著一個產業的沒落遷移，也意味著整個區域的改變。過去踩著縫紉機的紡織女工如何在時代巨輪的滾動下，走進另一條與巨變環境中相應的路呢？

站在觀塘站的空橋上，靠山的那一面是公共屋邨區，靠海的這一側是輕工業區。觀塘區有三十五個公共屋邨，全港最多。離開人潮洶湧的偉業街後，沿著墨綠色的觀塘明渠走，周邊多是工廠商業大樓和小型貨倉。

女工協會位在翠屏南邨一樓★，公共屋邨到工廠區的必經之路。辦公室隔壁通往籃球場的穿堂坐滿了下樓乘涼的銀髮街坊，看著年輕人在籃球場的青春洋溢。走進放滿了各式紙箱、大型帆布袋、塑膠盒、做皂、縫紉等各式加工設備的室內空間，總幹事胡美蓮溫暖的笑臉迎面而來。

二〇一九年剛屆「而立之年」的女工協會，在香港產業的變遷中，工作方向也因不同年代的婦女處境而發展。成立的第一個十年，以組織工潮、法例爭取、協助工廠北移的勞資個案為主要。一九九八年，女工協會搬入觀塘翠屏邨現址，胡美蓮也在這年加入，也開啟了女工協會的第二個十年，開始了以合作經濟支援婦女就業及以環保凝聚社區的工作路線。近十年，則將重點放在在職貧窮家庭及單親家庭的照顧者、零散就業中年婦女及青年、還有少數族裔的清潔工。

根據香港政府統計，一九九九年，六十四萬名邊緣勞工中（低薪、低技術、缺乏保障的兼職工、外包工、臨時工、短期合約等），女性佔了將近六成，貧窮勞工人口

社員惠儀（左）和社員阿清（右）

中，婦女佔了超過八成。「許多過去從事技術性職業的女工失業，不是找不到工作，而是不願意轉做銷售、服務業，只想找工廠的技術型工作。」胡美蓮談起這個共通的困境。一九九五年，女工會啟動了「合作經濟」的探索與討論。

「當時夥伴們不停思索，面對香港產業的劇烈轉型，工人該怎麼辦？不如，我們自己來辦經濟項目，解決失業問題。」跟著胡美蓮的回憶回到一九九六年，女工協會獲得一筆經費資助，幾經討論，開辦女工速印合

★香港講法稱「地下」，台灣講法稱「一樓」。

作社。歷經六年的運作，直到二〇〇四年因業務不繼處於休眠狀態，這是女工協會籌設的第一個合作社。胡美蓮談到，女工會經過多次檢討後，認為增加就業機會是政府責任，組織承辦合作社應以「思考實踐經濟民主」為方向，儘管首次嘗試不算成功，卻為未來奠下更多實務基礎。

為何除了爭取工人權益，協助組織工會之外，女工會認為，合作社是實踐工運的方式之一呢？胡美蓮談到，當工會未能及時介入處理，如分工差距不公、工資結構分化、工序排程非人性化、或利潤分配的不公平等問題，合作社可透過運作實踐各種可能。「成立合作社，能穩定提供就業機會。合作社無法根本解決就業的結構問題，但合作社穩定運作後，也就能穩定提供就業機會。」三十多年來，女工會持續關注工人權益，組織社區婦女小組，也籌組工會。直面未知，繼續走。二〇〇一年十一月，女工協會在中文大學以「女工同心合作社小賣店」（以下簡稱「女工合作社」）展開了另一場實驗，也開啟了另一個重要起點。

和學生一起的行動

女工社區合作創未來
從前是製衣廠的工人　勤勞為老闆趕工
如何料到今天境況　為著兩餐通街跑
頻頻地搵工奔波生活　人人面對經濟劣境
從前學會的好本領　但願有天可再用
不灰心　不怨命　工友互守望
團結社區爭取保障　合力去創出我未來
原來是社區中的資源　遺留在四方角落中
全球亂擴展的經濟　未惠及草根社群
人民是社會中的主人　齊來為社區建幸福
權利意識心中記　在地看遠景有策略

不貪新　不棄舊　多愛二手物
齊投入社區新經濟　運動裡社區有力量

——改編自《光州之歌》，製作、演唱：女工合作社

女工同心合作社小賣店，這間「沒有老闆」的店舖，經歷四次續約仍屹立中文大學半山。這一場將近二十年的實驗是怎麼開始的呢？

走出東鐵線大學站，越過「新民主女神雕像」，等校巴。載滿師生的巴士蜿蜒上山，女工合作社一路走來，也像這趟曲折的山路。在大學行政樓站下車，女工合作社位於范克廉樓地下室的游泳池畔。范克廉樓，又慣稱「范記」，是中文學生會大本營，也是中文大學學生活動中心的所在地之一，一樓設有學生飯堂。

一九九〇年代的學生運動受到八九民運影響甚深。當時工人與學生分工合作，擁有相對自由空間的學生負責論述與組織，行動串連和訊息傳播則由了解社會運作的工人負責，工學同行，全民運動就此成型。其後，學生組織的關注面向也往民生議題集

胡美蓮

中，包括住房和基層勞工等與市民更切深的議題。一九九〇年代末期，越來越多大學生加入勞工運動，畢業後投入工會組織者行列。成立於二〇〇〇年的中大基層關注組（以下簡稱「基關組」），是中大各所院校中壽命最長、根基最扎實的學生組織，也是女工合作社的籌設及往後的運作中投入最深。

二〇〇〇年，重修范克廉樓，學生會力爭將空間留給便利店。與女工協會互動很深的學生會和基關組奔走，「過去政府部門、學校機關的招標案，只接受商業註冊團體投標。學生會遊說師生中心服務委員會開放投標資格，讓民間團體參與投標，獲得委員會支持。」胡美蓮說，這是很大的改變。「我們沒有營運過小賣店，擔心要投注很多錢，為了不讓學生失望，咬牙投標。」二〇〇一年九月，原本得標廠商退出，第二優先的女工協會接手，簽下五年合約，緊鑼密鼓籌備三個月，十一月五日開張。

原先女工協會執行委員會擔心財務狀況而不贊成，後女工協會和學生四處籌款。「寫了計畫書，籌到二十萬港元，一半是免息貸款，一半是有心人士捐款。」胡美蓮笑說，營運三年，借款還完，有些借款人還以為拿不回來了，當時社員為了幫女工會還款，薪水訂得不高，很辛苦。

當確認得標，女工協會立即展開籌款及招聘工作，沿著東鐵沿線的公共屋邨派發單張招募，單張上的內容是：「這裡有工作！歡迎來參加工作坊，認識合作社。」第一次簡介會的內容，包括女工協會是誰？為什麼要籌辦這個合作社？合作社裡有哪些人？為什麼每個月要開會？萬一遇到衝突，要怎麼處理？「許多人以為是一般的面試應聘，直問：我只是來打一份工，為什麼要知道這些？第一堂課來了五十個人，最後留下來的只剩下個位數。」培訓課程的同時，也請有興趣入社的夥伴和家人討論。胡美蓮笑說，邀你開店，又不用出錢，還可以參與決策，不少家人以為我們是詐騙，也擔心萬一虧本，是不是要一起賠錢。

合作社成立之初有十位社員，人員變動，目前有阿清、惠儀、阿開、阿蔥、阿珍、煥英、水容、朝陽等八位社員，皆為人稱「師奶」的中年婦女。年輕時的她們多將青春奉獻給了香港的製造業，產業轉型、工廠北移後，她們或轉服務業，或回家當全職主婦，女工合作社的成立為她們開始了新的方向和可能。

女工合作社進行註冊流程時，香港政府並無「職工合作社條例」。二〇〇二年，女工合作社正式註冊立案，成為全港第一個職工合作社。

不只學會說話

走過學生會設在范克廉樓前的民主牆，找到了樓梯，看到游泳池，女工合作社在一側的盡頭。惠儀和阿清笑咪咪領著我們往裡走，拉了板凳說，坐著慢慢聊。接著阿清端來小賣店最熱銷的魚蛋、燒賣、茶葉蛋和本日糖水南瓜西米露。「我們的茶葉蛋很有名，用紅茶、綠茶、花椒、八角、茴香、甘草等十多種材料煮三十六小時。今天這批才煮二十四小時，還不太入味。」惠儀細數著藥材，親切招呼我們快嚐嚐。

在一口接著一口的溫熱糖水裡，創社「元老」惠儀賣力地用粵式普通話說，父親一輩搬到香港，自小住在黃大仙區，婚後搬到上水，在觀塘區紡織廠工作，負責「挑褲腳」，一做二十多年，一九八〇年代遇上香港紡織業的全盛時期，年薪甚至能達到十七萬港元，直到工廠關閉北移，雇主將全職薪水改成論件計酬，後又苛扣工資，透過勞工署的協助下才勉強討回部分工資。擅長各式甜品的阿清淡淡地談起，一九八〇年代，孤身一人從廣東坐船偷渡到香港，與一九六〇年代到港的哥哥會合，此後廣東沒有親人，香港已經是家。兩條看似沒有交集的生命路徑，卻在女工協會相聚，緣起於路上派發的單張和十堂培訓課。

「同工同酬、共同決策、沒有剝削」是女工合作社的營運理念。目前合作社由八位社員輪崗，從買貨、賣貨、計數、打掃、煮食等工作，所有社員一起承擔，固定每兩週短暫關鋪開會。每個禮拜排班一次，兩人一組、一天兩班，開學期間每週工作五天，寒暑假每週兩到三天。「我們是社員，交流推廣、開會都是社員的義務和責任。有興趣有認同，才能留得久。」惠儀說得鏗鏘。

「輪流在不同的崗位工作，原本打算大家熟悉業務後再分工，大家覺得輪流很好，便持續到現在。」胡美蓮談起，此外，負責訂飲品時，肩負觀察銷量，負責收銀時，確認不同時段的來客量，至於下訂單的工作，就由當值者負責。

「剛開始，不懂得怎麼做生意，到處觀摩考察。土法煉鋼。」胡美蓮說，看哪個飲品好喝、哪種餅乾受歡迎，翻到包裝背面查電話找代理商叫貨。小賣店的另一頭是連鎖超市。「當時，小賣店的進貨量少，明明是同一區的飲料代理商，同樣進貨到中文大學，超市的售價比小賣店進貨價格還低。甚至一般超市有九十天的結算期，我們是即時結算。」和代理業務投訴無果，當時社員只要發現超市大促銷，就跑去掃貨補貨。

「菜單都是我們開會確定。」惠儀和阿清異口同聲。惠儀說，撈麵、魚蛋、燒賣、滷水、滷雞腿，還有那個轉哪轉哪的台灣腸都賣得很好，學生很喜歡。根據合約，小賣店只能賣小吃，不能使用明火，只能用電。小賣店裡，社員自製的產品，真材實料，每天的糖水都不一樣，很受學生歡迎，也是社員絞盡腦汁製作。阿清自信滿滿地說，雞蛋仔不是用蛋精，用新鮮雞蛋做的。惠儀在一旁說，滷雞腿太小隻，再多送你一顆魚蛋。

女工合作社的排班由社員討論，有利於需要照顧家庭的婦女。「在小賣店工作和工廠很不一樣。我很喜歡這裡。不像外面工廠，只做某一個部分的工作。」惠儀說，入社時，兒子剛滿三歲，為了照顧孩子，大家讓我多排早班。「意見不一樣很好，吵架也很好。吵完就過去了。」胡美蓮談起，過去曾針對「晚班的工資是不是要高一點？」有過討論。有社員認為，晚班和早班做的工作都一樣啊！為什麼有津貼呢？有社員則認為，早班的社員比晚班的社員多了陪伴家人的時間，晚上有比較長的休息時間，晚班社員比較辛苦，應該有津貼。「開會時，每個人都必須發言，發言是很重要的練習，也有助釐清自己的思路，也讓少數派多一些機會去遊說其他人。」在會議上七嘴八舌

小賣店一景

討論一陣後，「雙邊都有講得通的理由，才進入投票表決。」胡美蓮談到，表決往往是多數決定，但這不是真正的民主，應讓社員理解同意。對於外界常有的質疑，每個人的工資一樣，就會一起偷懶，沒有效率。女工合作社的規定是社員共同制定，看似沒有「管理者」，實際上是彼此約束、共治共理。

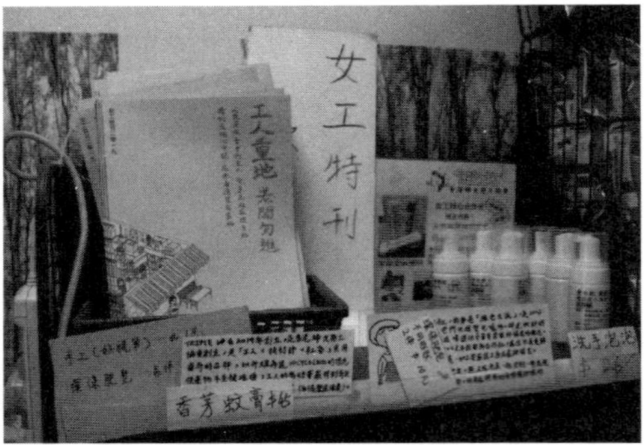

女工合作社發行的《女工特刊》

二〇一四年二月出刊的《女工特刊》留下社員水容的這段回憶。入社近七年的水容回想：「剛開始開會時很不適應，之前中風不能說話好幾年，幾乎都快要不會講了，其他社員幫忙我、鼓勵我，讓我盡力去講。」對水容而言，也許只是重新學習說話。但，對這群過去在老闆眼中的「順服」的好員工而言，離開過往的聘僱關係，拿回話語權，學會完整表達自己的想法，最是珍貴。

女工合作社遍地開花

女工合作社是中文大學最早迎客、最晚休息的服務單位，學期間服務時間從早上七點半到凌晨一點半。由於校巴只行駛到夜間十一點半，讓晚班的社員下班能趕上最末班的校巴，接上末班火車回家。學期間，由來自全校各系、有意願的同學支援夜間十一點半到凌晨一點半的「特更」時段。「過去沒有支付學生薪水，現在開始支付，但學生也不領，合作社便將收入提供學生舉辦活動、支持學生的行動。」惠儀說，特更時段學生好認真做生意，打烊結帳時，學生會留下金額、明細，清清楚楚。二〇〇八年二月的《女工合作社特集》，特更同學寫下：「女工對同學總是很信任。社員阿蕙說，大家都是中大同學，不信他們信誰？這麼多年，同學都很好，我們從來無失竊。女工總是對特更同學說，你來吃東西不收錢啦。可是我們從來都堅持要如數付的，因為知道她們經營艱苦，也因為感謝她們信任，所以我們都得誠實。」

中文大學支持民間團體成立女工合作社，成功演示了一場社會實驗。二〇〇二年，位在九龍塘城市大學、嶺南大學皆邀請女工協會分享經驗，而後，城市大學成立「婦女合作社城舍小賣店」；嶺南大學則在女工協會轉介下，就近與仁愛堂社區中心合作。接著香港大學、香港專業進修學校、香港理工大學、浸會大學，一呼百應，遍地開花。香港幾乎每一所大學都曾有過一間女工合作社，以小賣店、果汁店、飯堂等各種樣貌出現在學生的校園生活中。

二〇〇六年，女工合作社第一次續約，續約告急，香港大學社會系教授、也是監管委員的陳健民與學生代表向校方力爭並提出計分方案（凡達到積分，合約可自動展延兩年），該次成功達標，三年後須再次公開競標成功。「大學教導學生要有想像力，推動社會改變，就必須在課堂外、生活裡提供想像空間。」當時陳健民接受基關組採訪時談到，支持女工合作社不只是他本身的意義，也是因為大學有責任支持這樣另類經濟模式。

二〇〇九年，成功完成第二次續約。二〇一四年進入第三次公開招標時，中大學生會、學生報及基關組支援，獲得近三千位支持女工合作社的員生聯署，續約成功。

二〇一九年完成第四次續約。二〇一五年，范克廉樓地下室重新規劃，討論是否擴充超市的空間。部份師生不同意。基關組再次發起行動，與校方溝通，最後訂出的方案是，將原訂擴充的面積一半供超市使用，另一半供學生使用，學生於此組織「山城角樂」學生合作社，以創意推動「社區營造」、「資源循環」及「平等參與」理念。

二〇一九年二月中至三月初，在社會學系蔡玉萍教授的協助下，特更同學發出四百份問卷，四月初公布結果。高達九成六的受訪者師生支持女工合作社續約，超過九成三的受訪師生支持中大有更多合作社模式的店鋪。

山城角樂

「山城角樂」是香港第一間學生合作社，二〇一五年十一月，基關組與「農業發展組」、「免廢讀中大」、「山城士多」和「山城菜誌」四個社區經濟組織結盟，向校方提交合作社計畫書、闡述業務內容，舉辦二手物市集與合作社週，與同學分享社區經濟理念後，校方終於將營運權交給學生會後開展業務。二〇二二年十二月三十一日結束營運。

帶著帳簿上立法會

將近二十年，小賣店一點一滴改變，窄小的店面整修了，新增了水槽、冰箱、儲物空間，過去也曾是社區訂菜的取貨點，還可以買報紙。「現在很多東西都沒有了。以前提供人工複印服務，現在大家都電腦列印，影印服務就結束了。」胡美蓮說，現代人越來越少在家煮飯，大家越來越依賴手機，取菜點和訂報服務都取消了。不變的是社員與校友、同學間的深厚情感。「同學結婚還邀我們喝喜酒，第一屆同學都結婚生寶寶了呢。」惠儀笑起來眼睛彎成了月。

勞動權益是女工合作社另一個不變的堅持。每當勞工團體爭取調高最低薪資時，企業主總是叫苦連天。「女工合作社的薪資一直以勞工團體建議的最低工資為準，這

宣傳法定最低工作調整的海報

麼小的店都能做到，也沒有倒閉，而且保證了社員的生活。」胡美蓮說，合作社的時薪三十三港元時，一般基層勞工如快餐店員、清潔工只有二十一至二十五港元，當立法會還在辯論最低工資時，社員帶著合作社的帳本參加公聽會報告營運狀況，現場回擊「最低工資搞垮中小企」的謬論。二〇一六年，勞工團體倡議「最低生活工資」，學者根據工人的生活需求計算，包括房租、交通費、雜費等各項指標計畫出五十港元的水平。女工合作社的時薪便從那時沿用至今。二〇一九年算出五十七港元，社員開會討論後，確認目前無力負擔，因此沒有調整。反觀香港勞動者實況，二〇一一年五月一日，《最低工資條例》正式實施，首次法定最低工資金額定於時薪二十八港元，隨後歷經多次調整，二〇二四年五月一日起，法定最低工資金額定於時薪四十一．八港元。

每年到五月下旬，隨著考季結束，學生也放暑假，校園空空蕩蕩，小賣店也進入淡季。阿清說，開學季平均每天約有一萬多港元的營業額，寒暑假則降至兩千多港元，差了五倍。開張到現在，月租金從三千港元，調漲至九千三百港元，二〇〇九年續約後，合作社需負擔更高水電雜費和維修檢查費等費用，加上到本部上課的學生減少。惠儀說，現在學生比較少來本部，或在山下上課，香港本地學生住校的也越來越少，對合作社的營運也有影響。

除了捍衛勞動權之外，女工合作社社員參與了許多社會運動，每年七一遊行的社區經濟一條街，女工合作社和女工協會是必到團體。從二〇〇七年的紮鐵工潮、二〇一三年的碼頭工潮、二〇一四年的佔中運動義賣「民主梘」★，無役不與。二〇一九年參與支援聲援學生行動，邀請學生來飲一杯用玫瑰和羅漢果煮成的獨立調查「茶」，十月初，歡迎學生來領一份糯米糍和砵仔糕的「堅糍」。

那個六月下旬，連日暴雨。臨走前，阿清和惠儀塞了兩把愛心傘給我們。惠儀暖暖的手拉著我們走捷徑，趕即將到站的校巴，揮揮手說：七一，社區經濟一條街的攤位上見！車子緩緩啟動，車窗外那個圓圓的笑臉才漸漸看不見。

★「梘」是粵語的香皂，也與「選」同音。「民主梘」取的是「民主選舉」之意。

Chapter 16

香港

走向自立
群芳撐出一片天

社名

群芳陪診職工有限責任合作社

採訪時間

二〇一九年六月

「二〇〇一年六月，我去仁愛堂上陪診課程。我們是從仁愛堂開始的。」「仁愛堂的社工幫我們很多，讓我們對合作社的理念很清楚。林麗玲、李曉燕和其他社工夥伴培育了很多合作社，有補習、有陪月、有做皂的。現在只剩下我們了。」群芳陪診職工合作社社員盧美秀、張元曦你一言我一語地回憶往事。

群芳陪診合作社從籌備到成立，「社工」這個角色出現了很多次。「社工」如何與合作經濟產生關連，是採訪過程的第一個疑問。

一九七〇年代，港英政府的社會服務政策一改過去只集中於「救濟」，開始有計畫地推動「社區發展」。一九七一年，社區組織協會（SoCO）成立，這也是第一個非政府資助、民間發起的社區組織。一九七八年，第一個由政府資助的「鄰舍層面社區發展計畫」啟動，該計畫的工作方式是聘請社工進入偏遠或低收入地區組織居民，以協助居民爭取權益進行社區組織工作。隨著大量政府派駐的社工進駐社區後，也開啟了香港社工扎根社區的輝煌時代。

一九七八年的「油麻地艇戶事件」，警方以《公安條例》檢控七十六名請願者，其中包括多名社工。此事件也促使以團結社工、保護社工為宗旨的香港社會工作者總工會於一九八〇年成立。一九七〇年代，香港居住空間不足，勞動人口卻穩定成長，香港市區的天台屋暫時解決了住房不足的窘迫，一九八〇年代港英政府默許天台屋的合法性，天台屋遍佈彌敦道兩側。直到一九九〇年代，天台屋被冠上了「僭建物」（即「違章建築」），市區內的臨時房屋區、寮屋區、天台屋旋即面臨清拆迫遷的命運。一九九四年的「荃灣天台屋事件」，數十名居民及協助他們的社工封路癱瘓中環，二十二人被捕起訴，其中十一人為社工。一九九五年，彌敦道金輪大樓的天台和街道上，盡是警察與示威者對峙，其中不乏社工。乃至二〇一九年八月五日全港大罷工，香港逾三十個社福機構工會及組織組成的「反送中社福聯合陣線」號召超過兩千位志工參與。

社工深入基層、投身社運，無役不與。社工為基層發聲、捍衛公義的性格，表露無遺。

「活著就是要尋找生命的意義。社會工作不單是一份工作，而是人生的使命及價值彰顯，要參與社會改革，為基層發聲，捍衛公義。」從事基層社區工作逾二十五年、一九九五年獲選「優秀社工」的香港城市大學專上學院社會科學部退休教師莫慶聯，曾在受訪時這樣鼓勵社工後輩。

社工，最強悍且柔軟的後盾

將目光轉到屯門的仁愛堂社區中心。

一九九〇年代末期，受到金融風暴重創的香港，基層勞工的工作權和生活權受到更大的壓迫，失業率居高不下。香港政府統計處的數據可以拼湊出一些更接近真實的現實。二〇〇一年，人口普查結果發現，近十年，最高收入家庭的數量成長了三倍多，但最低收入的家庭數目也增加了一成五，顯示香港貧富懸殊情況正在加劇，低薪的勞動人口中，絕大部分是女性。這波工廠裁減潮中，女性勞工只能轉入時薪、臨時工等更零碎剩餘的工作。

一九九七至二〇〇七年間，任職於仁愛堂社區中心的社工區結蓮、林麗玲與夥伴花了很長時間摸索「以女性為本」的社區工作方式，從最開始以「單親婦女」為重點，逐步聚焦「婦女經濟自主」。投身社會工作逾二十五年，致力於婦女發展、社區組織，一九九六年獲選「優秀社工」的區結蓮，於《走向自主——以婦女為本位的所思所行》一書中留下十多年婦女工作的紀錄和反思。

因社區中心的多元開放形象，區結蓮曾在一年內接到近百件來自婦女的各種求助，近八成與婚姻有關，其中與丈夫北上工作發生婚外情有關者佔了七成。根據紀錄，求助婦女在抉擇是否離婚的過程中，最困擾的是經濟問題。面對講求賺錢能力、文憑至上的社會，「基層家庭婦女的自信心偏低。」區結蓮的服務對像多是基層、學歷不高的家庭主婦。面對家庭變故時，原本應該是女性最有保障的地方，卻也成了困住家庭婦女的牢籠，也讓區結蓮深刻感受到婦女經濟自主的重要。一九九八年，仁愛堂社區中心首度嘗試以合作社協助婦女創造就業機會，成立「萬能亞姨服務社」，接著開辦各類培訓課程及提供職位轉介服務。

「我沒有工作很多年，讀書少、見識少、不懂說話，現在很驚，常覺得自己很不中用。」這樣的陳述經常出現在區結蓮的紀錄中，社區基層婦女的生活也擺盪在迫於無奈和沒有選擇之間。「我們到底組織了女工，家庭主婦，還是失業婦女呢？其實，女工身份不斷流動。」林麗玲曾這樣提問。在區結蓮、林麗玲等社工夥伴的協助下，仁愛堂社區中心協助了八個婦女小組籌組合作社，參與的婦女近一百二十人，數量堪稱全港之冠。「群芳陪診職工有限責任合作社」也名列其中，也是目前唯一持續至今且獨立運作的合作社。

再說回仁愛堂社區中心的所在位置，屯門。

屯門區，位在新界西側，隔著珠江與深圳相對。東面有青山、大欖等連綿山丘圍繞，西側是綿長的海岸線和豐富的自然資源，早年是自給自足的漁村小鎮。一九六〇年代，港英政府計畫將屯門發展成第一代的「新市鎮」，外圍是住宅區，中心是工業區及商業區，讓居民就近在區內工作。無奈同樣受到一九八〇年代工廠北移的影響，大部分居民需跨區遠赴市區工作。

屯門距離市區很遠，一九七八年屯門公路通車後，開啟了屯門居民與外界的第一條連外道路。二十五年後，西鐵線於二〇〇三年正式通車，終點站直直駛入屯門市中心，但屯門區內大部分的地區依然距離西鐵線很遠，居民仍得依賴日日行走在屯門公路上的公車往返。不論從中環或油尖旺的地鐵站轉乘西鐵到屯門站，平均至少需花費一小時的交通時間。因此，屯門區仍然給外人「遺世獨立」的刻板印象。

根據區結蓮的觀察，對住在屯門的基層家庭來說，一來，在區內不易找到工作，往區外移動，交通成本是一筆沉重的負擔；二來，礙於學歷和技能，不見得能找到足以養家的工作，且托兒是另一筆龐大的開支。因此，由丈夫外出工作，妻子負擔家務，是常見的情況也是沒有選擇的現實。

充權，從自我覺察開始

充權是個過程，最終極目標是協助婦女獲得生活中的自主，在身、心的解放下生活得更自由和充實。而且充權也必須具備幾個重要元素：了解自己的處境和困境的源

張元曦（左）與盧美秀（右）

頭；看到選擇的可能；確認自己能力上的增進；覺得比以前有更大動力和信心去走前面的路。

——《走向自主——以婦女為本位的所思所行》

約訪這天，下午兩點多走出西鐵線的終點站屯門站時，幾乎每個路口都能見到坐在輪椅上的長輩，和身後推著輪椅的照顧者。爬上屯門站旁的荃蕙社區服務中心三樓，「我們沒有辦公室，這裡是屯門鄉紳嚴天生支持我們，提供給我們收發和每個月開會的地方，也省下一筆租辦公室的開銷。」盧美秀和張元曦一邊喘口氣一邊放下背包說。

擔心語言不通，盧美秀和張元曦備妥了紙筆，準備話說從頭。「我們都是從家庭走出來再走進社會的社區婦女，當時大概四十多歲，找工作很困難，有年齡歧視，我們這一輩大多只有小學或中學的程度。」盧美秀回憶當時來上課的成員。「二〇〇一年六月，我到仁愛堂上了五個月培訓。每個星期都有培訓課程，什麼是合作社、合作社怎麼運作、怎麼照顧老人家、怎麼和老人家溝通、銀髮族飲食等各種課程。」她接著說，當時香港還沒有陪診服務，仁愛堂也是一邊摸索一邊嘗試。

二〇〇一年，在當時仁愛堂社區中心社工林麗玲與李曉燕協助下，開辦陪診服務課程及服務，首開先河。二〇〇二年五月，以「群芳陪診協會」立案，嘗試以合作社模式運作，歷經三年多的磨合與努力，二〇〇五年十一月，「群芳陪診職工有限責任合作社」正式註冊。直至二〇一九年，香港公營加私營提供陪診的社福機構有逾三十間。

「香港很老啦！很多人需要照顧。」在一旁補充的張元曦則是在二〇一六年才加入，在那之前，她是仁愛堂組織的另一個合作社「綠慧公社」的創始社員也是合作社秘書。香港人口老化情況的確逐年攀升。根據香港政府的統計，二〇一八年十一月公布的數據顯示，六十五歲以上人口已佔全港十七．九％，依此比例成長，預估二〇

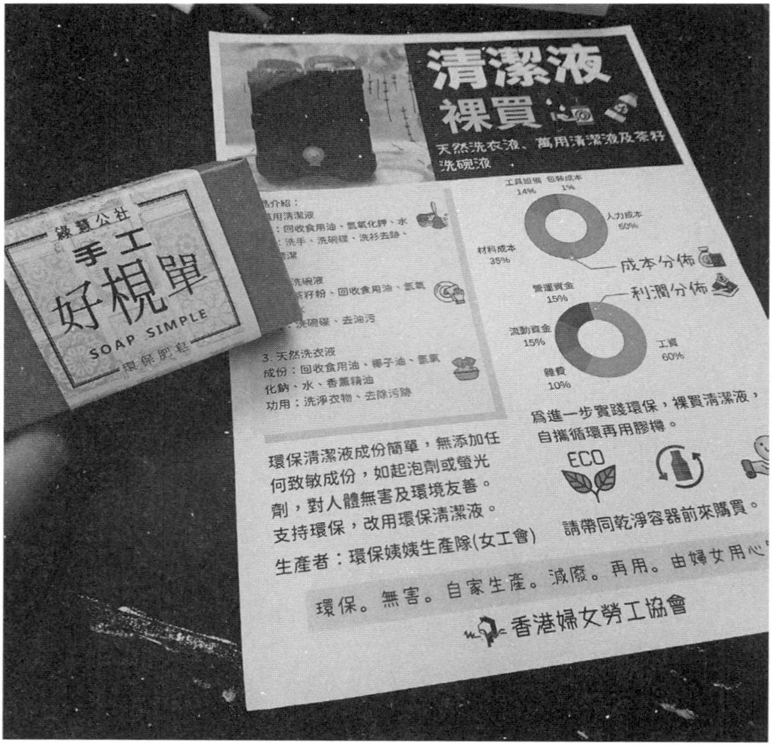

「綠慧公社」的開始，要從二〇〇二年底，香港政府計畫在屯門青洲英坭坭改建成焚化爐的抗爭說起，當時仁愛堂社區中心將屯門社區婦女組織成一支關注小組，同年底，小組轉型為環保團體「綠色女流」，透過婦女對於生活的關注，推動生活環保。而後參考了日本、台灣的經驗，開始研製利用廢油製皂。二〇〇五年，「綠色女流」中的「DIY 小組」成功獲得環保基金資助，開始租用廠房，並正式成立生產廢油肥皂的「綠慧公社」，除了製皂之外，也進入社區、學校教授造皂技術，推動社區環保。二〇〇七年，環保基金停止資助，綠慧公社改變運作模式，於二〇〇八年正式註冊為合作社，成為「綠慧公社職工有限責任合作社」，以自負盈虧形式運作，直到二〇一六年九月停止生產。目前「綠慧公社」的商標由香港婦女勞工協會接手註冊。

陪診的需求在人口老化的趨勢下日益增加

三六年成長至三十一·一%，二〇六六年達到三十六·六%；屆時每二·七三人，就有一人是六十五歲以上長者。如今，許多長者選擇獨居老家，不與子女同住。隨著年紀漸長，身體機能逐漸退化，不少社福機構、社會企業或私營機構提供相對應的社區支援服務，陪診服務是其中常見的一項。

二〇一八年，香港消費者委員會抽查十四間提供陪診服務的公營及私營機構發現，單次陪診服務每小時費用介於六十二港元至一百六十港元，金額相差近三倍。「我們都知道合作社和公司不一樣，合作社是公平的，大家的薪水都一樣，沒有分你是總經理、我是夥計。」盧美秀說，服務費用是大家一起商量，先跟市場比較後取中間數，不是最貴也不是最便宜。

「服務區域以屯門、天水圍、元朗等周邊院舍為主，社員也多住這些區域，最遠的院舍在錦田，那是第一個和我們合作的院舍。」張元曦說明，區域內院舍使用者每小時收費六十八港元，每次最低服務時數為兩小時，跨區、非辦公室時間費用另計。服務費用中保留十五％為合作社的營運基金，作為行政、強積金（香港的勞工退休金）、保險、核數等之用，合作社為每位陪診員購買勞工保險和公眾責任險。「抽血的時間最短，內科人最多，排隊時間最久。」她補充說，基本服務時數兩小時的設定是合理的，荃灣、天水圍、元朗都有診所和醫院，一般從院舍到醫院的交通時間大概半小時，時間大多花在交通和等候。

「為什麼我們的收費可以平價？因為我們沒有行政職員！行政工作是理事會輪流

當志工做，理事會有兩位理事、司庫、文書、秘書，五個人輪流分工。」剛接任理事長的張元曦說，我們自己記帳，再聘請專業的核數師核數★，核數士和我們合作很久了，知道我們是婦女成立的合作社，只收我們半價。近年，群芳每年的營業額平均約六十多萬港元。

群芳，從一株小草到一片芳草地

群芳合作社與十多個院舍長期合作，也提供居家服務。「有些長者住在院舍，固定看某一位醫生，時間安排都很穩定。有些住在家裡的長者會在一星期前提出預約。五位理事會成員每週輪流接聽公務電話，也負責排班。拿著公務電話就是行動辦公室。」張元曦拿出密密麻麻的排班表說，會先確認社員的時間，再安排工作。

★核數師：指審計師，核實財報準確性、進行財務審計、評估內部控制。

「合作社是婦女的後盾，我們有自主權和議價能力。」盧美秀拿著筆一邊寫下「婦女充權」一邊說，陪診工作的好處是，時間彈性，婦女可平衡家庭和工作，此外，協助無法單獨外出的人就診，減少照顧者的壓力，服務需要者，增加基層婦女的就業機會，經濟自主的婦女也更有自信。「我們不會把工作丟給一個人，在這裡工作沒有人會認為不公平，我們從一開始就接受合作教育，要把合作精神發揚光大。」張元曦圓圓的眼睛閃著亮光。

月會除了檢討例行事務外，相互提醒陪診長者的近況，也交流各個院舍的狀況。「招募社員時，我們不會設定太複雜的條件，只要認同群芳的合作社理念，願意出席每月例會，和分擔會務工作。」盧美秀說，會議中也會安排醫療、長者情緒、溝通技巧、物理治療與合作教育等課程，社員一起進修學習。「過去月會也發生因意見不同爭吵，有時甚至吵到喊著要解散。」正在英國照顧媳婦和孫子的另一位創社元老朱淑儀也曾在官網的「社員心聲」欄位寫下，大家都在磨練中成長，自己先投入後，大家也越來越積極，溝通也更順暢，越來越像合作社。

「入社時繳交股金是確認身份的過程，正式成為合作社的社員和股東身份。」盧美秀說，應聘前必須上過僱員再培訓局安排的相關課程，上過課才知道怎麼保護自己和被照顧者。「試用期兩個月，薪水和正式社員一樣。每一個同事會輪流做不同工作，每個人的經驗值都會增加。但，挑工作是不允許的。」張元曦說，試用期時，安排一位社員帶著新同事一起工作，同步了解工作狀況，也會打電話問院舍，新進同事的狀況。多數社員都是利用零碎時間兼職工作，一半社員是兼職，一天能排四、五個小時。張元曦說，對家庭婦女來說，週末是家庭日，人手相對不足。「女兒都結婚了，有空了。」盧美秀目前是全職工作，每天都能排班，星期天也能排班。

「服務對象從青壯年到八、九十歲都有，一般院舍的長者、弱智、精神康復者，蒙古症、唐氏綜合症都有，大部分的服務對象多需要推輪椅。」張元曦說，服務過程多使用公共交通工具，計程車也可以，使用者決定。照顧長者是厭惡性工作，「許多年輕人原以為自己能做，但到了現場，發現接受不了就離職了。」盧美秀回想過去三年在院舍的工作說，老人家都很可愛，我喜歡和他們聊天，但院舍的人手不足，工作繁重，一天工作九到十二小時，一個接著一個餵飯、洗澡、翻身。「一對一的陪診可以好好說話，關心他。」盧美秀說，住在院舍的老人家很寂寞，沒有人跟他們說話，也沒有時間跟他們說話，不少社員都在院舍服務過。

「我們更重視人和人的關係，和服務使用者建立互信。」盧美秀談到，把長者看作自己的父母，把精神復康、智能不足的朋友看作自己的孩子。社員必須嚴守不可讓被照顧者離開視線範圍。兩人異口同聲說，即使想去廁所都會忍一下，真的沒辦法再請醫院人幫忙看一下。「候診時和老人家聊天，讓他們忘記身體的不舒服。我記得第二次陪同一位老人家看診，老人家笑著說，又是你呀！」張元曦感受到老人家滿意的服務，也更有使命感。冒昧探問氣色紅潤精神奕奕的盧美秀和張元曦的年紀。「我們都六十幾歲啦！」兩位笑嘻嘻地回答。每天的工作都很開心，保持樂觀，看起來年輕。

二十年過去了，脫離仁愛堂的支持，社工也陸續離開，社員已然自立，群芳合作社獨立運作至今。聚是一團火，散是滿天星！期待未來有越來越多的小草新生，撐住基層婦女、撐住老化的香港，撐著每一個有需要的人。

Chapter

17

廣州仙娘溪村

村民篇
關於那些說不盡的
「仙娘溪」

座標

中國廣州市從化區仙娘溪村

採訪時間

二〇一九年六月

從九廣鐵路的起點紅堪站朝西北出發，行駛到終點廣州東站。到了廣州市區，再轉搭地鐵到從化客運站，在出口處上了預定的包車，接下來將近三小時的車程，朝北蜿蜒往山裡走。

從化區是廣州市最北的行政區，這裡是廣州水源林保護區和溪流河國家森林保護區，生態環境極好，是廣州的飲用水源頭之一。其中擁有三百六十多年歷史的仙娘溪村是從化區良口鎮的自然聚落，傳統、樸素、好客，為了更穩定的收入，青壯年多外出到廣州或從化謀生，常住人口有四百多人，剩下一百多人留在村裡，大多是兒童、婦女和老人家，其中長者的佔比超過六成，和多數的中國農村有類似的景況。

二〇〇九年，廣東綠耕社會工作發展中心（二〇一一年於廣東省民政廳註冊，前身為中山大學—香港理工大學綠耕城鄉互助社，Center For Advancement of Rural-Urban Sustainability，以下簡稱「綠耕」）進駐仙娘溪村，十年後，項目告一個段落。十年之間，發生了什麼？又留下了什麼？

留村婦女織補一張網

彭紹蓮

那天午後抵達仙娘溪，在婦女小組成員的招呼中，坐在祠堂前的院子吃午餐。

婦女小組成立於二〇一〇年，由綠耕組織的第一個生計小組，也稱作「合作小組」，陸續加入小組的在地婦女為成員。「改造老屋，開辦旅社」是綠耕在仙娘溪的第一個業務。之後，又建了社區廚房，旅社和廚房兩項業務都由村裡稱「七仙女」的七位婦女自主營運。

來自廣西的彭紹蓮是小組成員之一，婚後，她一直和丈夫在廣州市區工作，直到二

李昌靜

〇〇七年，因孩子就學，結束十多年的在外打工的生活，獨自帶著孩子回村。來自湖北恩施的李昌靜則一直待在村裡。加入小組之前，住在同個村子的兩人，很少坐在一起聊天，各自忙著家務農活照看孩子。二〇〇九年綠耕進村，四處拜訪，和村民閒聊，邀請婦女一起幹活，彭紹蓮和李昌靜成了「同事」。

「那時，綠耕問有沒有人願意幫忙打掃衛生，不會花太多時間，就是簡單整理房間、舖被子。」李昌靜回想當時，還不知道綠耕要辦旅社，只知道要找義工，村裡有能力的阿姨都不願意去，到山裡砍樹或打點零工，還能賺個幾十塊錢或百來元。問她為什麼願意來幫忙？她笑說，我沒有本事去山上，山上的工作好辛苦。彭紹蓮接著說，我砍不動樹，也搬不動樹。

李昌靜想起，旅社還在籌辦階段，社工四處找人那段時間的一段往事……「那時，有個村想包下旅社業務，對社工說，我來找人。但社工拒絕了。如果當時社工答應了，我也不會在這裡工作了。我長得醜，那位村民一定不會找我。平常出去打散工，都沒有我的份。還有一次，其他村的人對社工說，這裡的婦女如果不願意做旅社，換我們來做。」

二〇一〇年，旅社開始營運，接待第一批遊客，「綠耕幫忙宣傳，一口氣要來八十個人，擔心我們忙不過來，分成兩批進村。」李昌靜回想，第一次接待客人，經驗不足，飯菜準備不夠，吃飯的空間也不夠。送走客人後，光結帳算錢就忙到半夜，最後是社工出手才搞定。

還沒改建成旅社前，這批房舍長期荒廢堆放雜物，有些破敗到不堪使用。由於家族共同持有，每個房間又分屬不同人家，整體升級有一定困難，旅社的硬體整體條件

旅社（上、中）與社區的公共空間（下）

簡單，「沒有廁所、沒有空調，沒有就要說沒有。不要把客人騙到這裡來。」當時負責接訂單的李昌靜說，不要把客人騙來。

旅社經營的頭三年由綠耕提供經費支付租金，再後來穩定營運後，由婦女小組接手，自負盈虧，「旅社收入不固定，遊客多，收入也就多，每月每人收入五百元、甚至一千元都有過。」彭紹蓮說，頭幾年生意很好，有一年元旦，遊客多到車子沒地方停，現在幾乎每個村都有旅社，比較競爭。收支平衡後，旅社提撥結餘的百分之十作為社區公益金，此外，每到逢年過節固定提撥經費照顧弱勢村民。

最初，食宿、體驗活動皆由婦女小組負責，直到二〇一三年導賞小組成立，分擔體驗活動的工作。李昌靜想起執行田間體驗活動的趣事：城裡人很多東西都不認識。她指著還沒出穗的水稻說，這裡怎麼那麼多韭菜。轉頭看到牆上的海報寫著：「自己做老闆，由婦女小組成員獨立經營旅社」。問兩人，真有自己做老闆的感覺嗎？兩人靦腆地笑說：和以前打工很不一樣，打工被別人管，現在很自由。

婦女小組的分工是每年抽籤決定，工作內容從接聽電話、食物採買、統籌、房務、總務到會計等。「大家都不喜歡負責對外聯絡，因為普通話不好。」李昌靜說，抓鬮最公平。兩人想了想：每年重新分配工作，其實是社工想培養提升每個人的工作能力，學了就會了。聊到第一次見到社工的印象，彭紹蓮說，感覺他們不是壞人。再問，社工都做了些什麼？李昌靜說，找我們開會，商量事情啊！以前沒有社工的時候，哪有開過什麼會！從綠耕進村的第一年開始，社工是婦女小組的重要夥伴，協助小組成員對外處理訂單、訪客訊息、協同設計體驗活動，對內協助會議召開、討論制定相關規章，甚至分工等。

翻照以綠耕為研究主題的文獻，寫到：「所有社區成員以發展主體參與公共活動時，才有可能期待社區邁向可持續發展的未來。」若簡單以「賦權」二字詮釋，似乎太生硬又不切題，回首十年，七仙女的投身參與，讓理論落地現實。

讓全村動起來的活兒

十年間，仙娘溪歷經了七批，共八位社工。甘傳是二〇一三至二〇一八年的駐村社工員，來自江西農村，在廣東求學的他，粵語是從零開始學到現今的溝通無礙，仙娘溪和老家的生活環境相似，讓他對一切感到既熟悉又親切。

改屋建房，打造公共空間，可說是綠耕的「三板斧」之一，這是一種古代兵器，延伸意為解決問題的方法不多，卻很管用。二〇一二年，重修祠堂。圍屋記錄祖先開墾的歷史，新龍圍是村裡最有歷史的老圍屋。「祠堂對廣東人而言，是逢年過節祭祖的地方，意義非凡。」村民楊國星說，綠耕請來建築老師協助維修，修復過程，村民開始關注生活環境，也在回顧家族的歷史中，找回對村子的認同感，同時也慢慢理解綠耕的工作。

聊到二〇一七年動員全村，用了一年時間完工的小廣場，「最初討論時，大家想得很簡單。村民出地，綠耕出點錢，大家一起慢慢做，就好了。」建築師團隊在周邊

小廣場

地區踏查，發現有不少廢棄材料，包括鋼材、瓦缸、石頭、石條和木材可利用。

「村民開始分工，拉著小推車，看到適合的材料，詢問物主是否能提供給小廣場使用，收集到的材料陸續運到空地。」後來，村民聊到小廣場邊應該要種一些樹，大家想著不要到外面買，本地就有會長好看葉子、結紅色果子的樹，接著大家就上山找樹了。「整個廣場建設過程，全村不論男女老少都參與了，」甘傳說，當時年輕人組成建築研究小組，廣場需要的石頭全是年輕人到河邊撿回來的，為了運石頭，把村裡能借用的三輪車都借過一輪。

看著生活環境慢慢改變，村民的生活習慣也悄悄地出現變化，楊國星說，綠耕不只帶著村民整理公共區域的環境，又利用旅社的公益金添購瓷杯碗盤餐具，減少使用免洗餐具，漸漸地路上也看不到亂丟的菸蒂或垃圾。

交給你那些我會的　留下那些你會的

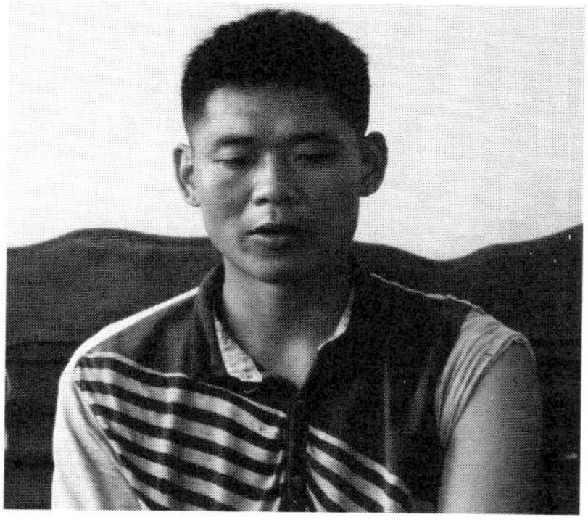

「星哥」楊國星

土生土長仙娘溪村民楊國星，大家都喊他「星哥」。二〇〇九年，綠耕進駐仙娘溪，設工作站，帶來外部資源和經費，很多大學老師、學生跟著綠耕接連到訪，陪著村民下田幹活，許多不明究理的村民對這些外來師生的行為很好奇，又不好意思問，七嘴八舌議論紛紛：「他們是做傳銷的嗎？還是在做什麼違法的事嗎？」楊國星和多數村民一樣，搞不懂，也有點抗拒。

仙娘溪是典型農村，農作物多元，青梅、三華李樹都是常見作物，直到二〇〇〇年前後，配合中國政府「一村一品種」的農村發展扶貧政策，改以砂糖橘為主要經濟作物。當時，楊國星與家人和多數仙娘溪村民一樣，改種砂糖橘為生，對於種植知識不熟，聽人說要打藥就跟著打，要施肥就跟著施，就算果樹沒有病徵，也跟著做。二〇〇八年後，仙娘溪開始大量種植砂糖橘，病蟲害也跟著出現，再來就是大規模黃龍病出現，導致砂糖橘歉收，甚至絕收。

早年，楊國星從事建築工作，後試過做生意創業。二〇一八年，他的人生大轉彎，由商轉農，返鄉從事生態種植，種有二十五畝地，作物多元，主要有水稻、蕃薯，還有花生、洛神、百香果、香蕉和荸薺等。村子裡的年輕人不多，像楊國星這樣的八零後，更少見。

由村民自發開辦「田間學校」推廣生態種植，楊國星是重要一員。村民全是農民，每年安排村民參加堆肥、生態種植技術等外部培訓課程，上完課後試驗成功，再教給

青梅小組的產品

鄰村村民，是田間學校的創辦初心。「學會適地適種，因地制宜，很重要。」楊國星談到，村裡的老人家有自己的好方法，年輕人在外學到新技術，再結合老人家的經驗，會更符合村裡的需求，也讓經驗得以傳承。

二〇一三年，青梅環繞的鄰村「樂明村」成立青梅小組。二〇一六年，在綠耕的協助下，「廣州從化原鄉梅好蔬果專業種植合作社」設立。「原鄉梅好」，前兩字是對家鄉和留在家鄉的人的意涵，後兩字是「梅子好」、「美好生活」的寓意，期待在青梅加工的過程，留住青山綠水，也留住更多原鄉人。近年，在村民的通力合作下，用本地自產生態種植製成的梅精上架，成為年度主力產品，接著梅酒取得許可證，各種青梅產品透過電商平台，讓更多人認識仙娘溪。

十年之後呢？

二〇一九年，綠耕的駐村項目結束。「村民自發成立管理委員，延續綠耕做的事。」負責餐宿的婦女小組，負責生產的青梅小組，負責體驗活動的導賞小組，負責生態種植教學的田間學校，負責老屋和公共空間維護的建築研究小組，各司其職，每個小組推出代表人員統合管理。

「生計小組以做有收入的事為目標，每一段都是嘗試的過程，有些成功、有些失敗。」楊國星說，受到疫情影響，收入不成正比，由年輕村民組成導賞小組，到了二〇二一年，有兩位年輕人決定出去工作賺錢。

各個小組獨立運作的同時，青壯年村民帶頭發起的「廣州匯耕田農業發展有限責任公司」成立，協助仙娘溪及鄰近村推廣生態農業，統籌銷售生態農產品，及開展社區服務。此外，二〇二一年，從綠耕離開的部分社工組成「深耕社會工作服務中心」，城鄉發展拉鋸擴大，農村人口外流，「農村空心化」問題依然嚴重。二〇二二年五月，在深耕社會工作服務中心的協助下，長流老人協會成立，照顧社區長者是協會的要務，外部基金會出資八成，村民自籌二成，開辦「爸媽食堂」，平日中午供應七十歲以上長者共餐。

其實，留守的長輩們有相互照應的能力，只需要一個切入點，而「爸媽食堂」正好是那個黏合需求的節點。老人協會管理小組都是熱心村裡事務且有號召力的長青夥伴，分工細緻，從日常會務、食堂財務、採購、食堂庶務等，各司其職。

「發起募款時，收到四千多元的捐款，老人家太節省，用了兩年才花一半。」楊國星說，經費來源來自年輕人外出打工的收入，捐款作為老人協會的資金，讓村裡的老人家辦活動。「老人獨居在家，一餐吃不完一碗飯，到社區廚房吃飯聊天，隨便都能吃個兩三碗。」村民常送來自家蔬菜，每天五十人份的食材仍無法全數由村內供應，需到車程一小時的市場採買。二〇二一年底，楊國星提議，號召老年村民一起種菜，解決蔬菜類的需求，老人菜園開始運作，不僅能吃自己種的菜，還有收入。

過了十年，問楊國星，綠耕留下了什麼？他說，把人留下來，讓留在村裡的人一起做一件屬於大家的事，這是對自己的挑戰，也有對家鄉的期望。

Chapter 18

廣州仙娘溪村

組織者篇
中國農村社會工作組織縫補城鄉

組織名稱

廣東綠耕社會工作發展中心

採訪時間

二〇一九年六月

二〇一九年六月底的酷暑豔陽天，在香港理工大學應用社會科學系教師、同時也是廣東綠耕社會工作發展中心創始人之一楊錫聰的辦公室，聽他說一九九〇年代開始，他與高教夥伴關注中國扶貧議題，投身農村參與發展項目的一路點滴。

興起於西方社會的「社會工作」概念，如何在幅員遼闊、人口眾多的中國農村地區落地開展呢？時間往前推到二〇〇一年，香港理工大學應用社會科學系與北京大學社會科學系合作，希望探索中國農村社會工作的理論與實務，選擇平寨作為實習點，也是綠耕的起始點。幾位大學教師帶著一批學生從城市走到農村，成為鼓動船帆的那陣風！

城鄉的關係當如何？

平寨，傳統的壯族村落，距離雲南昆明超過兩百五十公里，四面青山環繞，河流蜿蜒其中，村民世代務農，自給自足。傍晚時分，小孩在村裡玩鬧，青年在樹下歌唱，

綠耕辦公室一景

中年男人蹲在屋簷下閒聊，初入村的外地師生被這幅恬靜且珍貴的生活風景打動。

在「同吃、同住、同勞動」中，外部師生意識到村民被迫接受「農村是原始、貧窮、陳舊」的主流標籤，從推動「平寨人都來寫村史」的文化活動，開辦社區學堂，讓當地婦女和長輩習字、吟唱壯族民謠，召喚文化記憶、重拾文化認同，透過一次又一次的活動擾動全村，凝聚組織村民成立各式生計小組，如婦女小組、青年小組等，這是綠耕駐村一直以來的工作手法。

「大概到了二〇〇六、二〇〇七年，

楊錫聰老師

綠耕的工作遇到很大的挑戰。」中國整體社會出現巨大改變，經濟高速發展，從沒有網路訊號，到人手一機，年輕人選擇離村打工，工作小組瀕臨解散，原本擁有一千五百常住人口的村子，只剩下不到五百人留村，如何吸引村民留下來，成為綠耕的工作重心。

楊錫聰和夥伴開始思考，如果城市是必然的核心，人們也必定朝核心移動，農村也因此成為邊緣，如何不讓城與鄉發生二元對立，而是城鄉相互支持，這才是農村應該發展的方向。「我們不想只從經濟至上的角度切入，城鄉合作是當時萌生的想法。」他談到，中國的農村發展議題無法獨立處理，甚至更常錯把農村視為城市的延伸，面對城市的犯罪、流動人口、貧富差距等議題，必須承認，城市的問題是農村問題的延續。

讓村民找到自身的價值

過去自給自足的年代，一畝地的產量約兩百多斤，也足夠供應一戶人家約兩、三年的糧食。「高物質需求進到農村後，為了買最新款手機、換新型機車，村民需要錢，改種需要農藥化肥、大量生產的品種。」楊錫聰談到，種稻先讀說明書，什麼品種施什麼化肥灑什麼藥，農民變得不像農民，過去積累的知識已經沒用了，連定價權也不在農民手上。

「農村有優勢，城市有需求，城鄉之間有互助的可能性，過去談到扶貧，總是讓農村人覺得自己不足又落後，實際上農村和城市是對等的。」農村的環境好，有好水、好空氣、好作物，復耕友善環境種植的老品種稻米是平寨推出的第一個產品。

二〇〇七年，在大學教師的保證銷路下，三、四戶人家願意嘗試，當時任教於雲南大學的老師張和清請村民到社區，向自家社區居民說明老品種米的種植方式，第一年約一公噸產量的米，很快地賣光了。

「我們居中把村民和社區居民拉在一起，討論米價。」楊錫聰說，不論是情感面或現實面，消費者很願意接受，一致認為勞動成本必須反映在售價上，最後的定價約是市價將近三倍。到了第二年，挑戰出現了，首先產量從一公噸成長為三公噸，銷售的熱度沒有前一年高，但還是賣完了。

二〇〇七年，綠耕堅信，作為以農業社區為主軸的專業社工團隊，必須透過駐村和組織社區，才能與居民共同面對生計、生活和生態的考驗。於是總結出「生計發展、文化傳承、環境友好、社會互助、公共參與」的工作願景。

兩年來，城鄉合作方式確立了綠耕的工作雛形和框架。儘管直到二〇一一年，廣東綠耕社會工作發展中心（綠耕城鄉互助社，Center For Advancement of Rural-Urban

Sustainability），才在廣東省民政廳完成註冊。

學生進村蹲點　從頭開始

六月的某個濕熱的晚上，和綠耕夥伴圍坐在長洲島的綠耕辦公室裡，社工是這群夥伴的共同身份，駐村社工員是共同擁有的工作經驗。二〇〇六年，黃亞軍加入綠耕，到雲南平寨駐村，一待八年；甘傳則是二〇一三至二〇一八年的仙娘溪村工作員。

二〇〇六年，剛從學校畢業的黃亞軍，進村後天天到村民家訪談，跟著村民上山，為了深入了解村裡主要經濟作物「生薑」的生產情況。當時團隊關注生薑，因生薑產業出現很大的問題，種植上遭遇村民稱「薑瘟」的病害，生薑在田裡爛成一灘水；銷售上，生薑的價格浮動太大，對村民而言就像一場豪賭。生薑產業的衰敗，讓大量的青壯年選擇外出打工。豈料，幾年後，廣州北部的從化，也上演同樣的故事。村民大量種植砂糖橘，以此為主要收入，先是價格波動，村民苦不堪言，接著黃龍病肆虐，

黃亞軍（右）與甘傳（左）

橘樹大片大片地枯死，不到一、兩年，砂糖橘產業幾乎從當地消失，同時往外走的是一批又一批青壯年村民。

協助村民組織工作小組，是為了避免落入傳統扶貧的舊思維。「從『發展學』的討論來看，『扶貧致富』很容易掉入沒完沒了的陷阱，外部組織必須不斷改善當地人的生活，而當地人認為因自身不足，永遠能獲得外部組織的幫助，這是社會工作者極力避免的局面。」這也是綠耕所到之處，皆從組織村民起步，接著籌設「生計小組」的主因。

「綠耕給自己的定位是培力增能。」

從綠耕進仙娘溪的第一年，社工是婦女小組的重要夥伴，綠耕社工協助小組成員對外處理訂單、訪客訊息、協同設計體驗活動，對內協助會議召開、討論制定相關規章，甚至分工等，直到村民能獨當一面。

社工作為組織者，處理內部矛盾在所難免。「村民會私下找我抱怨，誰做得多？誰又做得少？但大家的收入都一樣。」這時，甘傳的作法是，直接把議論搬上檯面，作為小組會議的公共話題討論，讓大家一起商量怎麼做最適當，同時也學習從不同角度觀察事情。

十年之後　交棒村民

二〇〇七年，站在農村第一線的綠耕團隊，將生計議題列為農村發展的工作重點，啟動城鄉合作項目，協助村民銷售農產品，經歷各種嘗試甚至開店成為「代理商」，從線下的社區店到線上的微店★。

不論是仙娘溪或平寨的駐村社工都邀請村民投入生態種植，提倡「吃在當地吃在當季」，在昆明和廣州都曾開設店鋪，以「前店後村」的方式，讓產品帶著村民走出村子，把產品推廣給城市消費者，鼓勵消費者支持農村，達成一個美好的循環。

「在村裡組織農民，在城裡組織消費者，一直是綠耕希望達到的平衡。」黃亞軍說，銷售的同時要搭配消費者教育，但綠耕的人力幾乎都消耗在現實的銷售壓力上，消費者這端一直做不起來，教育工作也跟不上，欲振乏力。

「在仙娘溪試過每週配送兩次，銷得不好，會員人數也沒有成長。」甘傳說，和村民一起制定了生產計畫，受到天候影響，對生產不穩定的改善仍然有限，品項依然不穩定，加上運輸成本高，加上當時消費者對生態種植的觀念尚未完備，讓社工疲於奔命。

十多年過去……綠耕團隊將當初為村民做的事，交還到村民手上。二〇一九年，廣州市從化區長流村和樂明村、投入生態種植與生計小組甚多且深的村民接棒，由楊國星（星哥）等村民註冊成立「廣州匯耕田農業發展有限責任公司」。

★微店：中國線上社群商務平台。

李潔

二〇二一年十一月，綠耕與匯耕田達成共識，綠耕「微店」移交為匯耕田所有，村民在產銷鏈中擁有完全的自主權。二〇一三年加入的駐村社工的李潔是重要支點，她與村民阿鋒結為夫妻，土親人更親，她也曾負責統籌廣州農夫市集工作。位居其中的李潔擁有與小農合作的豐富經驗，也與從事生態農業的伙伴及消費者社群相熟，是紮實的第一線農村工作者，也是能平衡產銷兩端的實務工作者。

更多人留下，更多人加入，仙娘溪進

入下一個篇章，而綠耕／深耕的故事依然繼續。

後記：二〇二〇年，綠耕完成階段性任務，結束在從化的工作。二〇二四年，綠耕註銷。而，二〇二一年底，離開綠耕的部分年輕人成立「廣州市從化區深耕社會工作服務中心」，以扎根廣東，面向華南為使命，朝「人與社區的永續發展」努力。

後記

一個合作教徒的信願行

陳郁玲

二〇一二年，聯合國首次將「合作社」列為國際年的主題，彰顯合作社於解決貧困、促進就業與社會發展的正面影響。二〇二五年，「國際合作年」二度成為國際年的主題。聯合國呼籲各國審視現行法規，創造友善合作事業設立和發展的環境，同時提醒各國，應於資金取得、稅務公平等面向，健全合作社的創業系統，讓合作社成為尊嚴勞動、可負擔的住房、消除貧窮與飢餓、保障教育、普惠金融等面向的重要選項。

一九三四年，台灣《合作社法》公布至今，法規明定：「合作社非有七人以上，不得設立。」然，每種業態所需的創業人數，是否相同？這本書的故事，讓我們看到早年合作事業的主管機關，常有要求社員人數須達三十人的輔導建議，以致有心成立合作社的發起人，為了達成人數要求，將合作社的定義「共同需求」置之於後，以期通過立案。硬湊人數造成合作社的營運根本「社員的民主管理」無法落實，儘管成社，卻徒具法律身份，難以實踐合作社精神。

早在二〇〇五年，經濟部即針對台灣「小企業」之定義進行調整，將「小規模企業」定義為經常僱用員工數未滿五人者，也是呼應國際社會對「微型企業」（micro enterprise）型態漸興的趨勢。世界上歷史最為悠久的《合作社法》於一八八九年由普魯士王國頒布，二〇〇六年德國為反映時代變遷，將社員數自十九世紀的七人下修為三人。過往我們參與合作社交流活動時，不少在乎平等與民主決策的青年或社區微型創業團隊，有心想以合作社為創業組織，卻因社員人數的門檻，放棄籌組的念頭。

「社員的經濟參與」亦為合作社的重要原則之一，對照現行法規也有「不太合身」的情況。若以社員數七人試想，一個勞動或生產類型合作社的營業額需要達到多少，才能讓所有社員獲得足以溫飽的薪資？再看消費合作社，若僅七人集結的購買力，如何在市場上取得更多議價優勢？一部合作社法，關於人數上的規定，實難適合所有業態。

合作教徒的見證

合作教徒如我願做見證，合作社是解決社會問題的重要處方之一。二〇一七年，我們的第一本書《哇！原來這也是合作社》裡，不少合作社歷經二〇〇八年全球金融危機後，由在地社區或社群團結自助籌組而成。本書蒐集的故事中，對於人口外移、產業轉型，或突遇天災等轉變時，合作社亦為社福與非營利組織、大專院校、公部門等介入或輔導社區、社群，化危機為轉機的重要選項，都有令人敬佩的成果。

二〇二三年，第三十三屆世界合作社大會啟動「全球合作社認同諮詢計畫」，此計畫向全世界實踐合作經濟的合作人（Co-oper）徵集對「合作社定義、價值與原則」的理解是否一致，以及是否仍有再次修訂的需要。其實，這也間接鼓勵了我們持續採集合作社故事，以合作社價值原則為經緯，記錄每個合作社的實踐過程，讓合作社於諸多社會經濟組織能定位／定義清楚，這也是身為合作經濟信徒的實踐方式。

我們期待合作社的故事能讓讀者感受「原來合作社就在你我身邊，合作社不老派，也沒那麼遙不可及」，更期待社會各界透過這些故事，蓄積能量，討論台灣如何針對不同型態、不同業別、不同規模的合作社有最適宜的管理及輔導機制。也是回應聯合國二〇二五年的國際合作年主題，讓大家看見合作社之於現代社會的益處，對合作經濟有信心，進而互助團結，成為合作人。

後記至此，最要緊的是謝謝採訪成行的各種助力與所有的受訪者，也感謝商周出版與編輯冠豪促成出版，更感謝每一位推薦人撥冗閱讀撰文推薦，特別是孫炳焱老師的幫助，每次來回討論讓我們收穫很多，我們全心全意地感謝再感謝。

後記
寫在最後

陳怡樺

二〇二四年春天，明確獲得集結成冊的機會，在翻找照片、排序重整中回憶全書，採訪時間跨度從二〇一七到二〇二三年，密度或緊或緩，歷經戴口罩採訪的疫情初期，部分稿件整理於避免實體接觸的三級警戒期間，多數合作社同在島內，期間維持或近或遠或深或淺的關心，也是觀察。

每一個合作社都是一個獨立的篇章，在無法複製的時間裡，完成一趟又一趟的旅行。每個合作社都是一個豐富的故事，從成立到營運，創立時間越久，故事越精彩，經歷更多風雨。其中感受最深刻的是，一起完成一件事的信念，深刻且美好的意念。

每一個合作社的發展歷程，都能看見某段歷史的剖面。沒有橫空出世，卻承先啟後，安身立命。

二〇一九年六月，一個月的珠三角之行，遇上天翻地覆的巨變，回台後的整稿過程隨著眼前的新聞，起伏不寧。每一位受訪者的身體力行都是信念，拚盡從土裡探頭的氣力，期待這個出版能成為一個載體，像種子一樣四處飛揚，運載一切去到未知的前方，讓更多人聽到、看到合作經濟的腳踏實地，或舉步維艱。

仙娘溪是最晚完成的稿件，離開現場很長一段時間，在錄音檔裡、照片裡都尋不到一點氣息。意外在二〇二三年初上映的中國連續劇《去有風的地方》找到了入戲的隙縫。這齣戲當然美化很多，但對我這般的局外人而言，戲把返鄉青年遇到的矛盾和掙扎、留守兒童的天真和盼望、留守婦女的操勞和夾縫、留鄉青年的騷動和困頓，也把選擇離鄉打工的青年的無奈和冀望，搬進了串流平台，讓更多身處在世界各地的觀眾看到劇中主角「謝之遙」、「謝曉春」的心酸無奈和樂天向前，主題曲唱著「迷失的腳步也慢慢被撫平／等有風的時候把帆揚起」，螢幕裡的劇情，也在中國農村社會真實上演。那趟旅程，一些記憶凝結在二〇一九年夏天，一些隨著時間繼續緩緩推進，散成花。那個夏天，也讓生於台灣、長在都市的我，看到戲外的真實，和「等著風來了啟航」的瞬間。

謝謝孫炳焱老師的全力支持！事情是這樣的，編輯冠豪建議我們增加一篇介紹合作社理念的導論。我和郁玲思來想去，刪來改去，怎麼都寫不順。忽來一靈感，過去有次採訪孫炳焱談台灣合作社的古往今來，再後來又幾次與孫老師相約談天，老師說那些我們從未知曉的合作社歷史故事，也問我們那些剛完成的或海外或台灣的採訪心得，把採訪加上這幾次的交流整理成第一篇文稿。確認出版後，我們向孫老師邀推薦序文，同時也請老師確認內容，從全文列印紙本郵寄、電子郵件往返，甚至直接通電話逐段調整，以達文理皆宜，大功告成，完成本書份量最重的開篇第一章。

最後，謝謝主婦聯盟合作社《綠主張》月刊與《合作社事業報導》編輯邀稿，讓每一個故事獲得安放，點滴累積；謝謝這一趟漫長的採集旅程中的個人、組織與受訪單位的支持，以及每位推薦人的肯定與支持。謝謝站在團結、合作第一線的每一位，也謝謝力行搭橋協作的社區伙伴、綠耕、女工會，與途中的一切！

國家圖書館出版品預行編目 (CIP) 資料

合作社不是福利社：18 家合作社的在地實踐與創新力量 / 陳怡樺、陳郁玲著 . -- 初版 . -- 臺北市：商周出版：英屬蓋曼群島商家庭傳媒股份有限公司城邦分公司發行，民 113.8 面； 公分

ISBN 978-626-390-232-9（平裝）

1. CST：合作社　2. CST：臺灣

559.06433　　113010541

新商業周刊叢書　BW0849

合作社不是福利社

18 家合作社的在地實踐與創新力量

作　　者／陳怡樺、陳郁玲
責任編輯／陳冠豪
版　　權／吳亭儀、江欣瑜、顏慧儀、游晨瑋
行銷業務／周佑潔、林秀津、吳藝佳、林詩富、吳淑華

總　編　輯／陳美靜
總　經　理／彭之琬
事業群總經理／黃淑貞
發　行　人／何飛鵬
法律顧問／元禾法律事務所　王子文律師
出　　版／商周出版
台北市南港區昆陽街 16 號 4 樓
電話：(02)2500-7008　傳真：(02)2500-7579
E-mail：bwp.service@cite.com.tw
Blog：http://bwp25007008.pixnet.net/blog
發　　行／英屬蓋曼群島商家庭傳媒股份有限公司城邦分公司
台北市南港區昆陽街 16 號 8 樓
書虫客服服務專線：(02)2500-7718・(02)2500-7719
24 小時傳真服務：(02)2500-1990・(02)2500-1991
服務時間：週一至週五 09:30-12:00・13:30-17:00
郵撥帳號：19863813　戶名：書虫股份有限公司
讀者服務信箱：service@readingclub.com.tw
歡迎光臨城邦讀書花園　網址：www.cite.com.tw
香港發行所／城邦（香港）出版集團有限公司
香港九龍九龍城土瓜灣道 86 號順聯工業大廈 6 樓 A 室
電話：(825)2508-6231　傳真：(852)2578-9337
E-mail：hkcite@biznetvigator.com
馬新發行所／城邦（馬新）出版集團【Cite (M) Sdn. Bhd.】
41, Jalan Radin Anum, Bandar Baru Sri Petaling,
57000 Kuala Lumpur, Malaysia.
電話：(603)9056-3833　傳真：(603)9057-6622
E-mail: service@cite.my

封面設計／FE 設計　　內文排版／李偉涵
印　　刷／鴻霖印刷傳媒股份有限公司
經　銷　商／聯合發行股份有限公司　電話：(02)2917-8022　傳真：(02) 2911-0053
地址：新北市新店區寶橋路 235 巷 6 弄 6 號 2 樓

■ 2024 年（民 113 年）8 月初版

Printed in Taiwan
城邦讀書花園
www.cite.com.tw

定價／390 元（平裝）　280 元（EPUB）
ISBN：978-626-390-232-9（平裝）
ISBN：978-626-390-235-0（EPUB）